AU PAYS DU SOLEIL

E-8º 2º série.

INTÉRIEUR D'UN DOUAR

AU
PAYS DU SOLEIL

PAR

Le Comte A. de LAMBEL

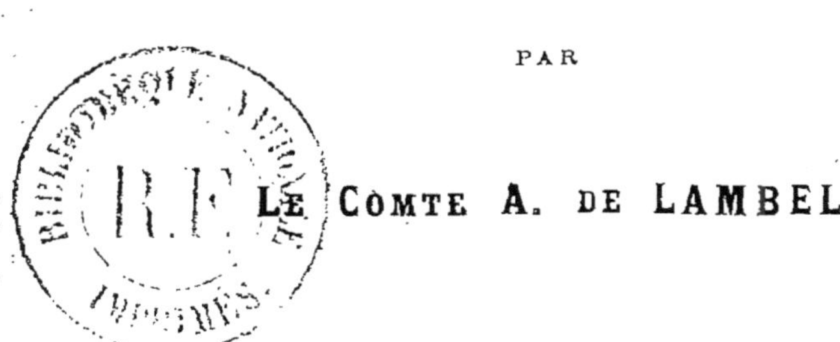

Ouvrage orné de gravures.

PARIS

J. LEFORT, IMPRIMEUR, ÉDITEUR

A. TAFFIN-LEFORT, Successeur

LILLE

PRÉFACE

Le catholicisme éclairera le monde jusqu'à la fin des temps; mais les contrées qui ont reçu sa divine lumière n'ont pas la promesse d'en conserver toujours les bienfaits. Si elles s'en montrent trop indignes, elles sont exposées à les perdre, et déjà plus d'un pays a ressenti les terribles conséquences de ce châtiment. L'histoire de l'Afrique septentrionale fournit une triste preuve à l'appui de cette assertion.

Dès les premières périodes de l'ère chrétienne, beaucoup de martyrs et de saints ont illustré l'Église de ces contrées. Leurs œuvres ont résisté aux injures du temps, ont traversé les mers, et ont conquis l'admiration de l'univers. Cependant, un trop grand nombre d'habitants ayant manqué de correspondance aux grâces de Dieu, ont passé du doute à l'hérésie, la dépravation des mœurs les a conduits aux obscurités de l'intelligence et, tombant d'abîme en abîme, ils sont descendus aux plus épaisses ténèbres. Il devait en être ainsi : car si la pureté de la vie est la meilleure gardienne de la pureté des croyances, les désordres de la conduite causent dans les cœurs la ruine de la vraie foi. Les Africains en étaient là, quand les disciples de Mahomet vinrent s'emparer de leur pays, et travaillèrent avec un déplorable acharnement à éteindre le flambeau du christianisme

A l'époque où nous vivons, l'Église d'Afrique renaît en quelque sorte de ses cendres, et semble promettre de nouveaux triomphes à la religion. Avant d'exposer nos motifs d'espérances, nous jetterons un rapide coup d'œil sur l'histoire de ces régions septentrionales, comprises, pour la plupart de nos jours, sous le nom d'Algérie. Nous en ferons connaître les illustrations; nous étudierons les principales merveilles qui s'épanouirent aux premiers rayons des splendeurs évangéliques; nous nous édifierons en contemplant quelques-uns des prodiges opérés par le dévouement chrétien sur cette terre désolée, pendant des longs siècles où la vérité religieuse semblait ensevelie dans son tombeau. Enfin nous indiquerons les fruits qu'il est permis d'attendre de sa récente résurrection.

AU PAYS DU SOLEIL

CHAPITRE PREMIER

La partie septentrionale de l'Afrique, connue sous le nom d'*Algérie*, est un vaste territoire, dont la France a commencé la conquête en 1830. Il formait alors, sous la domination du dey d'Alger, l'un des quatre États barbaresques, situés dans cette vaste contrée. Ses limites sont à peu près celles de l'Afrique romaine. Au nord, l'Algérie est limitée par la mer Méditerranée, à l'est par la régence de Tunis, à l'ouest par l'empire du Maroc, au midi par le désert du Sahara. Sa superficie est d'environ soixante millions d'hectares. Le territoire se divise en deux parties distinctes : le Tell et le Sahara.

Le Tell (ou monticule en langue arabe) comprend la partie très accidentée du nord, et se partage entre le rivage et la montagne. Le rivage, situé le long de la mer, se compose de vastes plaines et de petites collines.

La montagne renferme surtout de grosses masses de terres ou de roches, fort élevées au-dessus du sol environnant, mêlées à quelques vallées très fertiles. Les eaux de ces contrées vont se jeter dans la Méditerranée.

Le Sahara ou plaine offre aux regards une série de steppes, terres arides que la culture ne réussit pas à féconder. Il se divise, comme le Tell, en deux zones parallèles. La première, formée d'un plateau de landes, produit des graminées et des plantes aromatiques ; mais on n'y trouve ni forêts, ni terres arables. La seconde zone, si l'on excepte les palmiers et la végétation des oasis, présente l'aspect de la solitude et de l'aridité. Ces diverses régions sont séparées par trois chaînes de montagnes, appelées petit, moyen et grand Atlas, s'élevant en étages gradués, parallèlement à la mer.

Les cours d'eau du Tell ont l'impétueuse rapidité des torrents. Leurs chutes, nombreuses, et leur direction, souvent brisée par les montagnes, les rendent impropres à la navigation. Le lit du plus grand nombre est desséché pendant une partie notable de l'année ; puis, tout à coup, sous l'influence de pluies abondantes, les lits se remplissent, débordent et se répandent parfois en flots dévastateurs.

Le principal fleuve de l'Algérie est le Chélif. Alimenté par beaucoup d'affluents, il arrose le pays, à l'occident, sur une longueur de plus de cinq cents kilomètres. Après le Chélif on cite la Seybouse, qui, par une exception à peu près unique dans la contrée, devient navigable à deux kilomètres au-dessus de son embouchure ; la Medjerdah, le Safsaf, l'Hamise, le Kébir, l'Oued-Sahel, l'Isser, le Mazafran, l'Harrach, le Sig, le Bou-Naïm, qui reçoit les eaux de l'Isly, rivière devenue célèbre depuis la victoire remportée, en 1844, sur les troupes du Maroc par l'armée française.

Dans le Tell et la région septentrionale du Sahara on rencontre des nombreux lacs d'eau salée et quelques-uns seulement d'eau douce.

A part plusieurs contrées, où des terrains marécageux exhalent des miasmes morbides, l'air de l'Algérie est pur ; le climat est tempéré, généralement chaud, et peut se comparer à celui de l'Espagne ou de l'Italie. Il varie d'ailleurs sensiblement, selon la configuration du sol et son niveau au-dessus de la mer. Dans les plaines sablonneuses du midi, la chaleur est souvent excessive ; elle est modérée sur les montagnes et sur les côtes, à portée des vents frais, ou des brises de mer.

Dans la ville d'Alger, la température, favorable aux poitrines délicates, est de 18° en moyenne ; elle ne dépasse guère 31°, et ne descend pas au-dessous de 10°. L'hiver y commence à la fin de novembre, et se prolonge jusqu'aux derniers jours de mars ; mais il n'est pas, comme en France, une saison de froids plus ou moins intenses ; c'est une succession de pluies abondantes, alternées par de belles journées. La moyenne de l'eau, tombant annuellement à Alger, est d'environ soixante-douze centimètres. Le printemps règne pendant les mois d'avril et de mai. Juin, juillet, août et septembre appartiennent à l'été ; octobre et novembre, à l'automne.

La ville est généralement abritée contre le sirocco (vent brûlant du sud) par les chaînes de l'Atlas. Dans les rares occasions, où ce vent dure plusieurs jours de suite, il dessèche et flétrit les feuilles et les plantes.

Quant aux montagnes élevées, elles revêtent, dès le

mois de décembre, leur manteau de neige, et le conservent pendant cinq ou six mois ; enfin, dans les
steppes du Sahara, la température, refroidie par les
vents du nord, descend souvent à zéro, et quelquefois
les plaines se couvrent, pendant la nuit, d'une couche
de neige, qui fond bien vite le lendemain, sous l'action
du soleil.

1,800,000 hectares de forêts couvrent l'Algérie, et
constituent l'une de ses plus importantes richesses
végétales. Les principales essences sont : diverses
espèces de chênes, surtout celle qui produit le liège ;
plusieurs sortes d'arbres verts, entre autres le téré-
binthe, dont on extrait la térébenthine ; le châtaignier,
le cèdre, dont le tronc atteint parfois une circonférence
de six mètres, l'orme, l'aune, l'érable, le platane, le
caroubier avec ses feuilles luisantes et toujours vertes,
ses fruits dont on extrait l'eau-de-vie, et son bois très
recherché par l'ébénisterie ; le tamérinier avec ses
feuilles pendantes et ses fruits utilisés par la science
médicale ; le lentisque, modeste arbrisseau qui rend
de nombreux services. La décoction de son bois est
recommandée contre la goutte et la pierre ; sa racine
est employée comme tonique, sa graine fournit une
huile estimée, sa racine se transforme en jolis petits
meubles.

Le mûrier blanc réussit dans plusieurs parties de

l'Algérie, et semble promettre un bel avenir à la production de la soie.

Le cotonnier croît dans les terrains irrigués.

Parmi les arbres fruitiers, on cite l'olivier, dont les excellents produits fournissent à l'exportation une valeur de plusieurs millions ; l'oranger, cultivé surtout à Blidah et dans la Mitidja ; le citronnier, l'amandier, l'abricotier, l'azerolier, le cédratier, le grenadier, le figuier, le jujubier, le noyer, le pêcher, le pistachier.

Le palmier-dattier constitue la principale ressource des oasis, surtout dans la province de Constantine. Ses fruits, excellents lorsqu'ils sont bien mûrs, nourrissent les habitants ; ses bois, ses feuilles, ses fibres sont employés aux ouvrages de corderie, de vannerie ; sa sève donne une boisson sucrée. Ses palmes, d'un vert sombre, laissent arriver assez de lumière à son pied pour qu'il soit possible d'y cultiver quelques légumes ; sa riche nature est douée d'une merveilleuse fécondité.

La vigne, uniquement cultivée pour ses raisins qui se mangeaient frais ou secs, avant la conquête de la France, est employée maintenant par les colons à la fabrication du vin, et couvre plus de six mille hectares.

La fertilité proverbiale de l'Algérie lui a valu, dans l'antiquité, le surnom de grenier de Rome. Le sol produit le blé, l'orge, l'avoine, le sorgho, le colza, le

CAFÉIERS SAUVAGES

chanvre, le lin. Tandis que l'indigène, esclave de sa routine arriérée, récolte cinq à six hectolitres de céréales par hectare, l'Européen en obtient vingt à vingt-cinq avec ses méthodes perfectionnées.

Ses abondants légumes procurent aux colons de sérieux bénéfices ; ils s'expédient en France comme primeurs, et tendent à devenir une branche importante d'exportations.

Celle du tabac produit une somme annuelle qui dépasse 15 millions.

Les ressources du règne animal sont très variées. Les bêtes sauvages, les animaux domestiques, les oiseaux, les insectes se rapprochent beaucoup de ceux qui sont connus en Europe ; mais leurs espèces sont bien plus nombreuses. Nous ne les énumérerons pas, nous donnerons seulement une mention d'honneur au cheval du pays, célèbre de temps immémorial. Il est vigoureux et docile, doux et ardent, sobre et presque infatigable ; l'indigène le traite comme son compagnon ; les régiments de cavalerie française le préfèrent à tous les autres.

Enfin les richesses minérales abondent dans cette contrée. Les gisements de fer égalent en qualité les minerais si renommés de la Suède. On y trouve la pierre de taille, la pierre à chaux, le gypse, la terre à briques, l'argile à poterie, de beaux marbres aux couleurs variées; rien ne manque de ce qui peut alimenter l'industrie.

Quand on aborde un pays qu'on ne connaît pas, on étudie d'abord, comme nous venons de le faire, sa position géographique, et les ressources dont la Providence l'a gratifié. Ensuite on cherche à se rendre compte des principaux événements qui s'y sont accomplis, et surtout à connaître les hommes illustres qui l'ont habité. Nous allons répondre, d'une manière sommaire, aux questions posées par une légitime curiosité. Nous nous attacherons spécialement aux âmes d'élite, qui ont bien mérité de Dieu et des hommes. Cette étude nous fera mieux comprendre la puissance du dévouement, et la haute influence réservée à l'accomplissement du devoir.

Dès les temps les plus reculés, on trouve dans l'Afrique septentrionale des peuples désignés sous le nom générique de Libyens. A l'est, ces Libyens s'appellent Numides; à l'ouest, Maures, et au sud, Gétules.

Les Numides, ou tribus nomades, étaient des cavaliers célèbres, à demi sauvages, vivant sous la tente, dans l'intérieur du pays. Basanés, maigres comme leurs chevaux, qu'ils montaient à poil, et qu'ils conduisaient avec une corde de joncs, mais ardents et infatigables comme eux, ils ont toujours conservé leur genre de vie

et leur manière de guerroyer. Les divers conquérants, qui se sont successivement emparés du littoral
africain, ont pu constater chez eux les mêmes habitudes et les mêmes passions. Inconstants, légers,
agiles, querelleurs, impatients de tout frein, ils obéis-
saient cependant à des maîtres despotiques, souvent
obligés de céder aux caprices de leurs sujets pour
conserver le pouvoir.

Les Numides ont traversé les siècles, sans rien
emprunter aux progrès de la science, ni aux cou-
tumes des nations dont ils sont entourés.

Les Maures (mogred, pays de l'Occident) sont des
peuplades sédentaires qui occupent les villes ; on les
reconnaît à leur vigoureuse constitution, à leur
complexion sèche, à leur teint basané : leur caractère cruel, leur passion pour le brigandage et la piraterie en ont fait longtemps la terreur de l'Afrique
et le fléau de la Méditerranée. Leur religion, comme
celle des Numides, consistait dans le fétichisme, ido-
lâtrie grossière qui les portait à adorer le feu, le
soleil, la lune, la mer, les arbres, les fleuves, les
génies inventés par leurs superstitions. Ils offraient à
leurs idoles des sacrifices humains, ne connaissaient
ni le mariage, ni la famille. Les parents et les enfants
vivaient ensemble comme des étrangers, réunis par la
force des circonstances, qui se combattront ou se tra-

hiront, dès que leurs caprices ou leurs intérêts mal
entendus les y décideront.

Quant aux Gétules, ils sont des ancêtres probables
des Kabyles.

Les premiers envahisseurs de l'Afrique septentrionale semblent être les Phéniciens (1268 avant Jésus-
Christ). Ces hardis navigateurs, venus de Syrie, étaient
renommés dans le monde pour leur génie commercial,
et leur habileté dans l'art de construire des navires. Ils
combattirent les Numides, parvinrent à les vaincre,
sans réussir jamais à les soumettre, et ils couvrirent
de leurs colonies les côtes de la Méditerranée. Ils
importèrent dans le pays les éléments d'une civilisation
beaucoup trop vantée, puisqu'elle ne dépassait pas la
mesure de lumière et de moralité départie aux païens.
Ils puisaient leurs inspirations près des fausses divinités
qui autorisaient, par leurs exemples, le mensonge, le
vol et le libertinage.

Après les Phéniciens, six autres peuples parvinrent
successivement à s'emparer du pays, avant la conquête
de l'Algérie par les Français.

Vers 860, c'est-à-dire quatre cents ans après l'arrivée
des Phéniciens, commença la domination carthaginoise
qui dura sept siècles.

Après Carthage, Rome régna sur l'Afrique pendant
près de cinq cents ans.

Puis, les Vandales enlevèrent cette riche contrée aux Romains et la subjuguèrent pour un siècle. Leur puissance fut anéantie par l'Empire d'Orient.

Mais la période Byzantine fut de courte durée, et après elle les Arabes s'établirent dans le pays pour plus de huit cents ans, (de 681 à 1516).

Les Turcs supplantèrent les Arabes (1516 à 1830) jusqu'à ce que la victoire et les travaux de la France eussent apporté à l'Afrique l'espoir et le gage d'un meilleur avenir.

Cette première vue d'ensemble suffit pour nous faire pressentir le nombre et la variété des épreuves auxquelles le pays fut condamné. Elle éveille dans nos cœurs une vive sympathie, méritée par de longs malheurs. Nous allons revenir sur les principaux événements, et citer les personnages les plus saillants des diverses époques, en réservant plus de place aux véritables illustrations du pays.

Une femme veuve fonda la puissance des Carthaginois : ce fut Didon, sœur de Pymalion, roi de Tyr. Sichée, son époux, venait d'être assassiné par ordre de ce barbare qui convoitait les trésors de son beau-frère, et la princesse, voulant échapper aux fureurs d'un frère dénaturé, avait résolu de s'expatrier. Elle s'embarqua ; son vaisseau vint aborder sur les côtes d'Afrique. Douée d'une rare énergie, elle parvint à créer Carthage (c'est-à-dire nouvelle ville) et à lui donner de l'importance. Bâtie sur les bords de la mer, cette célèbre cité avait deux ports; l'un pour les navires marchands, l'autre pour les vaisseaux de guerre. Elle possédait de vastes chantiers, d'immenses magasins, des arsenaux et de remarquables palais. De bonne heure, elle s'enrichit par le commerce.

Elle parvint à se faire redouter; mais on ne l'estimait pas. Sa mauvaise foi, sa perfidie devenues proverbiales, lui attirèrent de nombreux châtiments. Livrée d'abord exclusivement au négoce, elle sentit son ambition grandir avec sa fortune. Les trésors ne lui suffirent plus; elle voulut faire des conquêtes. Elle recruta des troupes, non seulement en Afrique mais aussi en Espagne, en Suisse, dans les Gaules et en Italie. Son pouvoir se consolida le long des côtes; mais pénétra peu dans l'intérieur du territoire. D'ailleurs ses prétentions visaient bien plus à la domination des mers qu'à celle du continent, et ses armées laissaient beaucoup à désirer. Ses soldats se battaient uniquement pour gagner leur paie; ils manquaient du feu sacré, allumé et entretenu par l'amour de la patrie. Quant à ses généraux, elle stimulait leur vigilance par la menace des châtiments. Elle punissait leurs revers comme des crimes, quand même elle ne pouvait les imputer ni à leur négligence ni à leur impéritie.

ILE SANTORIN

Son gouvernement était celui d'une république oli-
garchique, où le pouvoir est concentré dans un petit
nombre de potentats. Elle avait à sa tête deux chefs ou
suffètes, dont les fonctions correspondaient à peu près
à celles de deux consuls romains; les suffètes dirigeaient
les affaires publiques, de concert avec un sénat composé
d'environ trois cents membres. Les simples citoyens
étaient rarement consultés; pour qu'ils eussent un rôle
à jouer, il fallait des circonstances exceptionnelles,
telles qu'un dissentiment entre les suffètes et les sénateurs.

Le peuple libre de Carthage formait l'infime mino-
rité de la population. Riches et débauchés, les citoyens
orgueilleux, dont il se composait, poursuivaient avec
ardeur leurs entreprises maritimes; profitant de la
facilité de leurs communications avec l'Europe et l'Asie,
ils multipliaient leurs spéculations afin d'augmenter
leur fortune. Ils laissaient le travail à de nombreux
esclaves, confiaient à des troupes mercenaires le soin
de défendre leurs intérêts, leurs trésors, contre l'ennemi. Ils se flattaient d'avoir ainsi résolu le problème
d'une vie douce et facile; mais les événements se char-
gèrent de donner à leurs théories et à leurs espérances
de douloureux démentis. Dans cette cité, qui comptait
un million d'âmes au temps de sa splendeur, les dis-
sensions intestines, les haines, les assassinats, les

émeutes, les soulèvements de l'armée, les guerres fréquentes mettaient le présent en péril, menaçaient l'avenir, et infligeaient à ces prétendus heureux du monde les tourments de l'inquiétude, le sacrifice de leur repos, les remords de leur conscience, et détruisaient les rêves qu'ils avaient le plus caressés. Alors, quelques âmes privilégiées reconnaissaient que pour jouir de la paix et de la joie intérieures il faut accomplir le devoir envers Dieu et envers les hommes ; mais les masses ne comprenaient pas le sens moralisateur des épreuves publiques et privées. Au lieu de recourir aux seuls remèdes capables d'en tarir la source, elles cherchaient, avec une activité croissante, dans la satisfaction de leurs convoitises, un bonheur qui leur échappait toujours davantage, à mesure qu'elles couraient à sa poursuite dans des voies plus immorales.

Carthage existait depuis deux cents ans, quand elle vit s'élever, comme une rivale, une ville qui devait devenir la seconde cité commerçante de l'Afrique. Construite en 630, sur les bords de la mer, par Battus venu de l'île de Théra (l'une des Cyclades nommée Santorin de nos jours), elle reçut le nom de Cyrène, en souvenir d'une nymphe ou déesse des eaux, que la fable supposait s'être réfugiée en ce lieu. Battus y régna quarante ans, et lui laissa les éléments d'une grande prospérité matérielle. Devenue la capitale de la pro-

vince cyrénaïque, cette ville sut grouper sur son territoire grand nombre de colons grecs ; sa puissance grandit
assez pour devenir redoutable, et son territoire fut assez
vaste pour posséder cinq villes, comme l'indique son
nom de *Pentapole*. Elle lutta souvent contre Carthage,
et fut enfin léguée aux Romains par son dernier roi,
après une autonomie de six siècles (65 avant Jésus-
Christ). De notre temps, ce n'est plus qu'un pauvre
village avec de belles ruines.

Quant aux Carthaginois, toujours avides d'or, adon-
nés à la débauche, ils croyaient racheter leurs fautes
en offrant des victimes à leurs idoles. Ils immolaient à
Saturne des enfants nouveaux nés, et forçaient les
pauvres mères à contempler sans gémir un si douloureux spectacle ! Ils s'étaient successivement emparés
des îles Baléares, d'une grande partie de l'Espagne, de
la Sardaigne, de la Sicile, surnommée le grenier de
Rome à cause de sa fertilité. Mais leurs possessions
siciliennes les mirent en contact avec les Romains,
et furent entre les deux puissances, l'occasion de
trois longues guerres qui aboutirent à la ruine de
Carthage.

La première dura vingt-deux ans (264 à 242 avant
Jésus-Christ). La cause en était peu importante : une
petite étincelle alluma le violent incendie. Les Mamertins, troupes de mercenaires recrutées au début de leur

organisation dans la ville italienne de Mamerto, s'étaient emparés de Messine par surprise, et avaient pillé la ville. Les habitants appelèrent les Carthaginois à leur secours, pendant que les Mamertins réclamèrent l'appui des Romains; les deux peuples, réciproquement jaloux de leur puissance, saisirent avec empressement une occasion de se rencontrer sur les champs de bataille.

Carthage possédait alors un habile général dans la personne d'Amilcar, Rome avait Régulus à leur opposer. Ce célèbre capitaine, cité comme un modèle d'honneur et de fidélité à la foi jurée, labourait la terre quand on vint l'enlever pour le mettre à la tête de l'armée. Il sut si bien la diriger, qu'il la conduisit, de victoire en victoire, jusqu'aux portes de Carthage; et comme le Sénat romain lui envoyait l'ordre de rester dans le pays conquis avec le titre élevé de proconsul, Régulus essaya de se soustraire à cette dignité, en alléguant que ses affaires réclamaient sa présence en Italie. Le fermier de son petit domaine était mort; un aide rural avait abandonné son poste, emmenant avec lui les bœufs, emportant dans sa fuite les instruments agricoles. Le général voulait revenir à ses champs pour les cultiver, afin de faire vivre sa femme et ses enfants. Le Sénat, touché de cette demande, ordonna que les terres de Régulus seraient labourées, et que sa famille serait nourrie, pendant son absence, aux frais du trésor public. A ce propos, Tite Live pousse un cri d'admiration :

— Ah! dit-il, que la vertu est supérieure aux richesses! La fortune passe et s'oublie avec ceux qui l'ont possédée, tandis que la noble pauvreté de Régulus est toujours en vénération!

Rassuré sur le sort des siens, le général continua le cours de ses exploits. Il prit Tunis aux Carthaginois et les affaiblit assez pour les amener à demander la paix ; mais les dures conditions qu'il voulut leur imposer, les déterminèrent à continuer la lutte. A cette époque, un secours inespéré fit changer, en leur faveur, la face des événements. Le Lacédémonien Xanthippe, à la tête d'une armée, vint à leur secours, attaqua Régulus dans Tunis, le battit et le fit prisonnier.

Conduit à Carthage, le glorieux vaincu dut expier, dans les tourments, les triomphes que lui devait sa patrie. Cependant de nouveaux revers, infligés aux Carthaginois par de nouvelles troupes ennemies, les décidèrent à solliciter une seconde fois le terme des hostilités. Ils envoyèrent des ambassadeurs en Italie, et leur associa Régulus, dans l'espoir d'obtenir, de sa part, une chaleureuse intervention en faveur de la paix. Arrivé aux portes de Rome, Régulus refusa d'y entrer parce qu'il se regardait comme le député des Carthaginois, et qu'un antique usage défendait d'introduire dans la salle du Sénat les représentants d'un peuple ennemi. Les sénateurs se réunirent hors des murs de la ville, et invitèrent le général à faire connaître sa manière de voir sur la grave question qu'il s'agissait de résoudre. Alors il se mit à exposer et à développer avec une ardente conviction les raisons qui lui semblaient militer en faveur de la continuation de la guerre; et, comme on cherchait les moyens de le soustraire à la vengeance des ennemis, il défendit formellement qu'on s'occupât de lui. Il a promis aux Carthaginois de retourner dans leur pays, si la paix ne se faisait pas; il tiendra sa parole. Il n'ignore pas le sort qui l'attend, mais il préfère les tortures au crime. La douleur ne brisera que son corps; le mépris de son serment flétrirait son âme!

Après ces mémorables paroles, Régulus s'éloigna les yeux baissés vers la terre, ne voulant rien voir qui pût ébranler sa résolution; ne consentant pas même à causer avec sa femme et ses enfants, de peur d'être attendri par leurs adieux. Il reprit le chemin de Carthage, et, suivant l'opinion la plus accréditée, il y finit ses jours dans d'affreux supplices.

La conduite de Régulus est restée, dans la mémoire des hommes, comme un exemple immortel de ce que peut une âme vaillante, loyale, docile aux inspirations d'une

DÉTROIT DE MESSINE

conscience droite, et enflammée de l'amour de la patrie.

Le résultat de la première guerre punique (1) fut pour Carthage la perte de la Sicile. Amilcar, l'un de ses généraux, était mort, les armes à la main, avant la conclusion de la paix ; mais au moment de rendre le dernier soupir, il avait fait jurer à son fils Annibal à peine âgé de neuf ans, une haine implacable contre le peuple romain ; l'enfant ne l'oublia pas.

A vingt-cinq ans, proclamé chef de l'armée carthaginoise, il allait devenir l'un des plus grands capitaines de l'antiquité. Instruit, savant même, d'une intelligence égale à sa bravoure, il réunissait plusieurs des qualités qui distinguent les caractères éminents ; mais son défaut de cœur et son orgueil le rendaient très inférieur à son rival, Scipion l'Africain, qui commandait des troupes romaines. Scipion s'est attiré plus d'hommages, s'est concilié de plus chaudes sympathies de la part de ses contemporains, et a laissé dans l'histoire une trace plus lumineuse qu'Annibal, parce que sa grandeur d'âme et sa bonté protégeaient la faiblesse et soulageaient le malheur.

Chef de forces importantes, Annibal se hâta de rallumer la guerre, en prenant Sagonte, ville espagnole, alliée aux Romains. Persuadé qu'il faut vaincre ses

(1) Les trois guerres survenues entre les Romains et les Carthaginois s'appellent *guerres puniques*, du mot *pœnus*, employé par la langue latine pour désigner le peuple carthaginois.

ennemis dans leur capitale poura battre leur puissance,
il traverse les Gaules, envahit l'Italie, et y marche de
triomphe en triomphe. Vainqueur près du Tessin, de la
Trébie, du lac de Trasimène, il pénètre jusqu'au fond
de la Péninsule, et bat complètement à Cannes ses
ennemis, qui perdent 40,000 hommes dans cette mémorable rencontre (216 ans avant Jésus-Christ). S'il eût
alors marché sur Rome, il s'en fut rendu maître ; mais
au lieu de prendre ce parti décisif, il résolut d'établir
ses quartiers d'hiver à Capoue, en cantonnant ses
troupes dans les environs. Les délices du pays éner-
vèrent son armée ; les Romains reprirent courage,
parvinrent à former de nouveaux bataillons, défirent
deux fois, sous les murs de Nole, le fier Annibal, empê-
chèrent sa jonction avec son frère Asdrubal, tuèrent ce
vaillant capitaine, et mirent son armée en déroute.
Annibal ne recevait de Carthage que des secours très
insuffisants. La ville était divisée en factions rivales, et
le parti, hostile à la famille comme à la renommée du
grand général, avait profité de ses revers pour diminuer
son influence. Cependant, grâce à son énergie et à ses
talents, il sut encore, pendant dix ans, se maintenir en
Italie, et il ne quitta ce pays qu'à l'époque où Scipion,
imitant sa tactique, transporta la guerre en Afrique.

Avant de donner l'ordre du départ, en vue de la
flotte et de la multitude qui couvrait le rivage, il

apparut sur la poupe de la principale galère ; là, élevant la voix, il fit une fervente prière ; et, il offrit un sacrifice pour obtenir le succès d'une expédition dont allait dépendre l'Empire des Romains ; ses vœux furent exaucés, il remporta, dans les plaines de Zama, une grande victoire, et Annibal prit le chemin de l'exil, pour échapper aux châtiments qui l'attendaient dans sa patrie. Il se réfugia d'abord chez Antiochus, roi de Syrie ; puis, il demanda l'hospitalité à Prusias, roi de Bithynie ; mais, apprenant que ce prince doit le livrer aux Romains, il veut déserter le poste de la vie. Lui qui a si souvent triomphé sur les champs de bataille ne sait pas se vaincre lui-même ; dominé par la crainte des humiliations et des supplices, il s'empoisonne, afin de ne pas tomber vivant entre les mains de ses ennemis. Il avait soixante-quatre ans, quand il termina, par un acte de lâcheté, une carrière glorieuse, mais dans laquelle les passions avaient exercé de déplorables ravages.

Scipion l'Africain mourut vers la même époque qu'Annibal. Il fut, comme son redoutable adversaire, exposé aux traits envenimés de l'ingratitude et de la jalousie, ces deux vices, partage ordinaire des médiocrités vaniteuses, étaient d'autant plus developpés dans les sociétés païennes, que les peuples étaient dépourvus, des lumières et des grâces, répandues dans le monde par le Christianisme. La popularité, que le caractère

généreux de Scipion lui avait justement acquise, ne put
pas le protéger contre les attaques de ses envieux.
Comme Annibal il s'exila et fit graver, sur sa tombe, la
célèbre inscription suivante :

Ingrate patrie, tu n'auras pas mes os.

Le génie d'Annibal avait retardé la chute de sa
patrie ; il ne réussit pas à l'empêcher. La troisième
guerre punique qui devait l'amener, ne se fit pas longtemps attendre. Caton, avec sa haine implacable, et son
perpétuel refrain *delauda est Carthago* (il faut détruire
Carthage) contribue puissamment à rallumer le feu de
la discorde. Scipion l'Émilien fut le héros qui fixa définitivement la victoire du côté des aigles romaines ;
il porta les derniers coups à Carthage. Quand il vint
attaquer la rivale de Rome, il la trouva dépouillée de
ses possessions espagnoles, et très affaiblie par des
luttes survenues entre des troupes mercenaires.
Cependant elle réussit encore à opposer une vigoureuse
résistance aux efforts des assaillants. Après un combat
acharné de sept jours et de sept nuits, il fallut assiéger
les maisons une à une, et les prendre successivement
d'assaut. Il s'empara de la célèbre cité, il la livra aux
flammes, puis à l'aspect de ce vaste incendie, son cœur
généreux versa des larmes sur la destinée de Carthage !
(146 avant Jésus-Christ.)

CHAPITRE II

Les Romains, une fois maîtres d'une partie de
l'Afrique, héritèrent des difficultés et des luttes que les
indigènes suscitaient contre les Carthaginois. Parmi de
nombreuses guerres, la plus connue fut celle que Rome
fit à Jugurtha, roi de Numidie. Elle dura dix ans ; la
Numidie fut mise à feu et à sang. Plus tard elle devint
avec la Mauritanie une partie notable des possessions

romaines, sous le nom de provinces d'Afrique. Elle eut pour centre la nouvelle Carthage : reconstruite sur un emplacement différent de celui de sa devancière, elle fut embellie par Auguste.

Sous ses maîtres puissants l'Afrique fut promptement colonisée, livrée à la culture, et ses champs procurèrent à l'Italie d'abondantes moissons. La sécurité des habitants fut protégée par une triple ligne de points fortifiés. Les soulèvements de certaines tribus furent toujours énergiquemont réprimés. Aussi les colons y vinrent en grand nombre. Ils y accoururent non seulement d'Italie, mais aussi d'Espagne et des Gaules. Ils y fondèrent des établissements durables et quand, plus tard, commença l'écroulement de l'Empire d'Occident, bien des familles se décidèrent à chercher un refuge sur la côte d'Afrique, dans l'espoir d'échapper aux fléaux de l'invasion.

Le plus grand événement, survenu dans cette contrée, pendant la période de la domination romaine, fut l'introduction de l'Évangile en Afrique. On ignore quels furent les premiers chrétiens qui eurent le mérite et l'insigne honneur d'y apporter la bonne nouvelle du salut. Les noms de ces fervents disciples des apôtres sont écrits au ciel, dans le livre où rien ne s'efface. D'après une opinion généralement accréditée, avant la fin du Ier siècle, ils arrivaient d'Asie, d'Europe, de

Rome, peut-être portés par les vaisseaux de commerce
qui abordaient le littoral. Leur zèle trouva de l'écho

SAINT FRANÇOIS DE SALES

dans les âmes : en peu d'années ils avaient fait de
nombreuses conquêtes à la vérité. Tous les rangs de la
société, depuis les esclaves jusqu'aux conditions les

plus élevées, comptèrent de nombreux chrétiens. A la fin du IIe siècle, les évêchés s'étaient multipliés, et les Empereurs, aveuglés sur leurs vrais intérêts, s'effrayaient de la rapidité des conversions.

L'un d'eux, Septime Sévère, prescrivit une enquête à son proconsul Sabnien pour découvrir les disciples de Jésus-Christ, et il ordonna de les mettre à mort s'ils persévéraient dans leur foi. Les recherches du magistrat amenèrent l'arrestation de douze chrétiens de la ville de Scylla, sept hommes et cinq femmes. Ils furent conduits à Carthage pour y subir un interrogatoire. On leur demanda s'ils consentaient à honorer les divinités païennes. A cette question Spérat, l'un des douze néophytes, répondit :

— Nous n'avons commis aucun crime ; nous n'avons injurié personne ; au contraire, quand nous avons été maltraités, nous avons remercié le Seigneur. Mais nous n'adorons que le seul vrai Dieu, souverain Seigneur de toutes choses ; et voulant nous conformer à sa loi, nous prions pour nos persécuteurs.

Pressés de nouvelles questions, puis renvoyés en prison, ils sont mis à la torture. Rappelés le lendemain par le proconsul, tous se montrèrent inébranlables, et dirent unanimement :

— Nous sommes et nous voulons rester chrétiens.

Ils furent alors condamnés à mort. Ils accueillirent la sentence par ces mots sortis de leur cœur :

— Nous rendons grâces à Dieu qui nous fait aujourd'hui l'honneur de nous recevoir dans le ciel, martyrs pour l'amour de son nom. (17 juillet 208.)

A partir de cette date mémorable, le christianisme prit en Afrique un nouvel essor. Nul ne sait le nombre de ceux qui, dans cette contrée, sacrifièrent leur vie plutôt que de renoncer à la vérité. Trois ans plus tard, cinq généreux catéchumènes subissaient le dernier supplice à Carthage. Parmi eux, l'histoire distingue Félicité et Perpétue. La première était esclave. Arrivée à un état de grossesse avancée, elle craignait que son supplice fut ajourné, parce qu'il était défendu d'exécuter les femmes qui avaient des espérances de maternité. Ses compagnons se mirent à prier pour elle. Bientôt les douleurs de l'enfantement survinrent, et un gardien, l'entendant se plaindre, lui dit :

— Si tu gémis aujourd'hui, que feras-tu quand tu seras exposée aux bêtes?

Félicité répondit :

— Maintenant, c'est moi qui souffre; mais alors un Autre souffrira pour moi, parce que je souffrirai pour Lui.

Perpétue, d'un rang élevé, était une jeune femme de vingt-deux ans. Elle avait un enfant qu'elle nourrissait de son lait, un père encore païen, une mère, deux frères pleins de tendresse pour elle, une tante qu'elle aimait comme une seconde mère. Chérie de toute sa famille, elle trouvait en ce monde les meilleurs éléments de bonheur. Aussi, quand elle fut séparée de ses proches, elle en ressentit une vive affliction; mais elle sut dominer sa douleur et raconta les circonstances, très voisines de sa mort, avec une foi, un calme et une sérénité que Dieu seul peut inspirer.

Perpétue et Félicité, condamnées à mourir, déchirées par les dents des bêtes féroces, furent conduites dans l'amphithéâtre; mais quand la foule vit leur délicatesse et leur beauté, elle fut saisie d'un sentiment de pitié, et demanda, pour ces jeunes martyres, la mort moins cruelle du glaive. Perpétue, frappée plusieurs fois avant de rendre le dernier soupir, dirigea elle-même la main tremblante de son bourreau. Félicité témoigna, jusqu'à la fin, la joie qu'elle ressentait de souffrir pour le divin Maître. Le courage de ces deux saintes et leur amour pour Dieu parurent si admirables, devinrent si populaires que leurs noms furent insérés dans les prières du canon de la messe. Depuis plus de seize cents ans, le saint sacrifice ne s'est pas offert une seule fois dans le monde, sans que les prêtres et les fidèles eussent demandé à Dieu d'avoir part et société avec ces glorieuses martyres.

Pendant que beaucoup de fidèles d'Afrique offraient à Jésus-Christ le témoignage de leur sang, d'autres mettaient à son service l'intelligence et le talent dont il les avait doués. Tertullien, par exemple, originaire de Carthage, consacrait son éloquence à la défense de l'Église persécutée. Né vers l'an 160 de l'ère chrétienne, il avait été élevé dans le culte des faux dieux, mais il fut touché par la patience héroïque des martyrs. Quand une grâce privilégiée ouvrit ses yeux à la lumière, il la trouva si belle qu'il voulut consacrer sa vie à la propager. Il écrivit des traités sur le baptême, la pénitence, la chasteté. Son ouvrage le plus important eût dans le monde un salutaire retentissement, ce fut son apologétique.

Le remarquable exposé du catholicisme ne réclame que la justice en sa faveur; il ne veut pas qu'on le condamne sans le connaître. En cessant de l'ignorer, on cesse de lui être hostile; on le respecte et on s'y attache.

« C'est là, dit-il, le secret de la foule des conversions dont les pouvoirs publics prennent ombrage. Les chrétiens sont partout, à la ville comme à la campagne, ils se recrutent dans tous les âges et dans tous les rangs; il y a lieu de s'en réjouir au lieu de s'en alarmer, car la religion descendue du ciel, apporte le bonheur aux nations comme aux individus. »

Plus loin, il ajoute :

« Vous avez beau nous menacer des pieux auxquels vous nous attachez, des bûchers sur lesquels vous nous brûlez ; vous avez beau nous les montrer comme des instruments de supplices infamants. A nos yeux, ce sont comme des robes de fêtes, des chars de triomphe et des signes éclatants de notre victoire ! »

S'adressant aux proconsuls qui envoyaient tant de chrétiens à la mort :

« Courage, magistrats, dit-il, puisque le peuple vous estime davantage quand vous immolez nos néophytes, condamnez-nous ; mettez-nous à la torture, déchirez-nous, écrasez-nous ! Le sang des chrétiens est une semence féconde. A mesure que vous nous moissonnez, nous nous multiplions. »

Quand il parle de la charité, il rappelle que les chrétiens n'ont de haine pour personne, qu'ils aiment jusqu'à leurs ennemis, et qu'il ne leur est pas permis de se venger de leurs persécuteurs.

Cependant, les ouvrages de Tertullien, à travers des mérites éminents, laissent percer plusieurs défauts. A côté de la chaleur, de la logique, de l'enthousiasme qu'on admire dans ses œuvres, on rencontre des traces de mauvais goût, des images mal choisies, des passages obscurs. Toutefois, malgré les côtés faibles de son talent, il occupe un rang distingué parmi les défenseurs de la foi.

Malheureusement la supériorité de son intelligence devint pour son âme une tentation d'orgueil à laquelle elle ne sut pas toujours résister. Trop confiant en ses propres idées, trop pénétré de leur valeur, il refusa, vers la fin de sa vie, de se soumettre aux décisions de l'Église. Sa longue carrière, si brillante à son midi, tombant dans l'erreur par présomption, est un douloureux avertissement qui doit nous préserver des illusions de l'amour-propre et des dangers de la vanité.

Tertullien en était à ses dernières années, quand Cyprien entrait dans la carrière sacerdotale. Né de parents riches, d'un rang élevé, il était le fils d'un des principaux sénateurs de Carthage. Avocat, littérateur, professeur d'éloquence, il occupait une position enviée ; la facilité de son commerce, l'enjouement de son esprit lui avaient attiré des amis dont plusieurs étaient débauchés. Dans le nombre, il eut le bonheur d'en compter un qui l'aimait sérieusement. S'étant converti, il voulut partager avec lui la joie d'appartenir à Dieu. Ses prières, ses exhortations ne furent pas vaines. Cyprien, devenu catéchumène, craignait de ne pouvoir pas arriver à remplir les devoirs de la vie chrétienne. tant ses mauvaises habitudes lui semblaient enracinées ; mais, après le baptême, la grâce lui rendit facile ce qui lui paraissait impossible. Sa reconnaissance voulut ajouter à son nom celui de Cœcilius, de cet ami dévoué, qui l'avait éclairé; elle lui inspira la composition d'une lettre digne de l'admiration qu'elle a souvent excitée.

A peine chrétien, Cyprien changea complètement son genre de vie. Il se mit à étudier avec ardeur l'Écriture sainte pour en retenir les préceptes, et s'en appliquer jusqu'aux simples conseils. Il embrassa les pratiques de la pénitence, vendit tous ses biens, en distribua le prix aux pauvres, et honora par le travail sa pauvreté volontaire. Il lisait les meilleurs livres écrits sur la religion; il en faisait son aliment quotidien, et il ne tarda pas à en augmenter le nombre. Il composa des traités pour défendre le catholicisme toujours violemment attaqué par l'ignorance et les passions. On cite ses écrits sur le mépris du monde, sur la grâce de Dieu, ainsi que son livre sur les témoignages, ouvrage qui expose l'ensemble des vérités révélées.

Sa science et ses vertus l'élevèrent à la prêtrise. Un an plus tard, à la mort de l'évêque de Carthage, métropolitain de l'Église d'Afrique, il fut désigné par les fidèles pour succéder au prélat qu'ils venaient de perdre. Cyprien, dans son humilité, essaya de se soustraire à la charge si justement honorée qu'on voulait lui imposer. Il sortit de l'église, et s'enferma dans sa maison; mais grand nombre de fidèles vinrent l'y assiéger, gardant fidèlement toutes les issues, pendant que les autres attendaient avec inquiétude le retour de celui qu'ils désiraient si ardemment voir à leur

LE COLISÉE

tête. Vaincu par tant d'instances, il ne résista plus.
Dès les premiers jours de son épiscopat, sa douceur,

sa fermeté, sa tendresse pour les pauvres firent concevoir des espérances que l'avenir ne tarda pas à réaliser.

A peine évêque, Cyprien eût à fortifier les fidèles contre les horreurs d'une violente persécution, suscitée par Décius. Un certain nombre de ses diocésains avaient perdu leur ancienne ferveur : leur foi faiblissait à mesure que le niveau de leurs mœurs baissait. Cependant, bon nombre confessèrent Jésus-Christ dans les tourments, résistèrent aux tortures ; puis, quand les bourreaux se lassèrent de frapper, les lâches qui avaient eu le malheur d'apostasier, contrits de leur faute, sollicitèrent la faveur de rentrer dans le sein de l'Église.

Cyprien réunit deux Conciles pour rétablir la paix, fit rentrer dans le bercail les brebis infidèles, et prit les mesures les plus efficaces pour prémunir le troupeau contre la terrible guerre déclarée par Gallus.

Sa vigilante sollicitude s'étendait à tous les besoins. Ayant appris que les barbares, après avoir pillé plusieurs villes de Numidie, avaient emmené grand nombre de chrétiens en captivité, le saint prescrivit une quête pour le rachat des prisonniers. Puis, il autorisa les évêques de la contrée à formuler leurs demandes, toutes les fois qu'ils auraient à pourvoir à de pareils besoins.

Après les persécutions, une peste meurtrière, venue

d'Éthiopie, sévit en Afrique, et y fit de très nombreuses victimes. Des familles entières tombaient sous les coups du fléau. Les païens, saisis de terreur, abandonnaient leurs plus proches parents et s'enfuyaient. Les malades encombraient les rues, sollicitaient des secours sans pouvoir en obtenir, et si des passants s'approchaient d'eux, c'était pour les dépouiller. A ce spectacle navrant, saint Cyprien assemble les fidèles, leur rappelle qu'ils ne doivent pas se borner à s'assister mutuellement, que leur charité est obligée de s'étendre à leurs persécuteurs, parce qu'ils sont les disciples d'un Dieu, mort sur la croix pour sauver tous les hommes, et qui a prié pour ses bourreaux. La voix de l'évêque, écoutée avec respect, enfante des merveilles ; ses exemples viennent à l'appui de ses exhortations ; il se consacre, jour et nuit, au service des pestiférés, opère, avec le concours de ses fidèles diocésains, des prodiges de dévouement. Il touche beaucoup d'âmes, et les amène à la religion.

La peste dura longtemps, et la persécution, qui s'était ralentie, n'attendit pas la fin de la maladie pour renouveler ses ravages. Les verges, les chevalets, les tenailles enflammées, toutes les inventions de la barbarie furent employés pour intimider les accusés, et ajouter à leurs souffrances, quand ils restaient fidèles à la vérité. Le nombre des vaillants était considérable, et les chrétiens encore libres leur prodiguaient les témoignages de leur admiration. Ils pénétraient, pour les assister, dans des cachots infects, où les glorieuses victimes étaient exposées au supplice de la faim, et ils y allaient en si grande foule que la sagesse de l'Église fut souvent amenée à modérer leur ardeur.

Quand les martyrs étaient conduits de leur prison au tribunal, les fidèles, attentifs à se trouver sur leur passage, les accompagnaient de leurs gestes, de leurs regards, de leurs encouragements et de leurs prières. Les parents félicitaient leurs enfants de mourir pour le nom du Seigneur. Une sainte femme disait à son mari :

— Lève les yeux en haut; tu verras Celui pour lequel tu combats. C'est lui qui te soutiendra.

Comme, en entendant ces mots, le proconsul lui demandait pourquoi elle désirait la mort de son époux, la généreuse chrétienne répondit :

— C'est afin qu'il vive auprès de Dieu, et qu'il ne meure jamais.

Ces actes d'un héroïsme surhumain, se renouvelaient souvent.

Saint Cyprien ne cessa pas d'encourager les forts, et de prévenir les défaillances jusqu'au jour où, conduit lui-même en prison, il se mit à prêcher par son exemple, et par l'énergie qu'il avait si souvent recommandée dans ses discours. Le proconsul lui fit les offres

les plus séduisantes pour obtenir son abjuration,
l'évêque n'hésita pas à les repousser, avec l'accent
d'une âme qui, sachant le prix de la vérité, ne reculera
devant aucun sacrifice pour lui rendre hommage. Il
fut alors condamné à être décapité. La sentence fut
exécutée sur un vaste plateau, couvert de personnes
empressées à voir couler le sang innocent, et à invo-
quer l'illustre martyr. Saint Cyprien se prosterna pour
prier, chargea l'un de ses diacres de lui bander les
yeux, et offrit joyeusement à Dieu le sacrifice de sa
vie (258).

Les chrétiens recueillirent son sang avec des linges,
puis ils l'inhumèrent pendant la nuit en grande solen-
nité. Plus tard, deux sanctuaires s'élevèrent sous son
invocation ; le premier, sur la place de sa tombe ; le
second, sur le lieu même où il avait rendu le dernier
soupir.

Tertullien fut grand par son éloquence parce qu'il
la mit au service de la vérité, Cyprien le fut par sa
sainteté ; Augustin, le plus grand des docteurs, les sur-
passe tous les deux par la supériorité de son intelligence et l'éminence de ses vertus. Mais il y eut de
longues luttes à soutenir pour arracher cette grande
âme à l'empire du mal et l'amener au baptême. Il ne
fallut rien moins que les œuvres, les larmes, les sacrifices, les persévérantes supplications de sa sainte

mère. Cette mère, appelée Monique, est l'une des illustrations les plus pures et les plus touchantes qu'on puisse rencontrer en Afrique. Elle est le modèle des mères et des épouses chrétiennes.

Monique naquit en 332, dans la petite ville de Tagaste (aujourd'hui Souk-Arras), sous le pontificat de saint Silvestre et le règne de Constantin, à l'époque où cet empereur, victorieux de Maxence, son compétiteur, venait en quelque sorte de faire asseoir avec lui la vraie religion sur le trône.

Le père et la mère de Monique étaient de nobles et pieux chrétiens, jouissant d'une haute considération dans leur pays. Ils avaient de belles alliances, de brillants souvenirs, mais les révolutions avaient presque entièrement détruit leur fortune. A défaut des fragiles trésors de la terre, ils firent à leur enfant le don meilleur d'une excellente éducation, en lui inspirant de bonne heure le détachement de ce monde et le désir de la vie future.

Une vieille servante, autrefois nourrice de son père, était restée dans la famille qui l'aimait, et se plaisait à se dévouer. Elle fut admise à s'occuper de Monique, qu'elle appelait volontiers *son enfant*. Attentive, zélée, mais peu tolérante et sévère, elle prouvait sa vigilance en grondant, et son amour en corrigeant.

Dès son enfance, Monique montra du goût pour la

piété. Voisine de l'église, elle épiait le moment où on ne la regardait pas pour y aller seule, afin d'y prier tout près de l'autel. Au milieu des jeux auxquels elle se livrait avec ses compagnes, elle disparaissait tout à coup. Quand on la cherchait, on la trouvait recueillie au pied d'un arbre. La nuit, elle se levait en secret pour se mettre à genoux et réciter les oraisons que sa mère lui avait apprises. De bonne heure, Monique sentit l'amour des pauvres naître dans son âme. A table, elle cachait souvent une partie de son pain, et, après le repas, elle cherchait un pauvre pour la donner. Elle assistait spécialement les voyageurs, dont elle voulait laver les pieds, et les malades qu'elle était heureuse de soulager dans leurs souffrances. Sa mère la préparait aux fortes vertus par de petites privations, et par une grande fidélité au règlement qu'elle lui avait tracé. Ainsi, en dehors des modestes repas de famille, on ne lui donnait pas à boire, et, dans les étés parfois si chauds de l'Afrique, on ne lui accordait jamais une goutte d'eau pour étancher sa soif.

Afin de l'initier au gouvernement de la maison, ses parents lui avaient confié le soin d'aller chaque jour au cellier pour y chercher la provision nécessaire. Cette mission de confiance devint pour la jeune fille une tentation à laquelle elle ne sut pas toujours résister. Soit espièglerie, soit penchant naturel vers les choses défendues, une fois, Monique se trouvant au cellier, approcha de ses lèvres le vase qu'elle venait de remplir, et se mit à goûter le vin ; le lendemain elle recommença. Au bout de quelque temps, l'habitude était prise, et au lieu de quelques gouttes, elle buvait une petite coupe presque pleine. Cependant Dieu, qui tire le bien du mal, voulut ménager à Monique l'occasion de réprimer ce défaut, et même de fortifier sa vertu. Une servante, qui l'accompagnait à la cave, ayant un jour un différend avec sa jeune maîtresse, lui reprocha sa gourmandise et se permit de l'appeler *buveuse de vin*. A ces mots, l'enfant rentra en elle-même, reconnut l'avertissement de la Providence, pleura, se mortifia, se corrigea pour toujours. Elle comprit mieux qu'il fallait se tenir en garde contre les moindres périls, et se prémunir contre les plus petites fautes.

Son intelligence ouverte, son esprit gracieux, son vif désir d'apprendre charmaient sa famille, et chacun cherchait à l'instruire. Souvent elle s'entretenait avec son aïeule, contemporaine des martyrs ; Monique écoutait avec émotion leur émouvante histoire, et, pendant des heures, elle restait comme suspendue aux lèvres de cette femme vénérable.

Elle avait vingt et un ans quand elle fut demandée en mariage par Patrice, de race peut-être encore plus noble que la sienne ; mais il avait plus de deux fois

SAINTE MONIQUE ET SAINT AUGUSTIN

l'âge de celle dont il ambitionnait la main. Il était païen, de mauvaises mœurs, plein d'indifférence pour les choses religieuses. On ne s'explique guère comment il parvint à se faire agréer, mais il avait du cœur, il était loyal, et les parents aveuglés, n'y regardant pas d'assez près, lui donnèrent leur fille, dans l'espoir qu'elle parviendrait à le convertir.

Monique dut alors quitter la paix d'un intérieur chrétien, pour aller demeurer avec une belle-mère jalouse, impérieuse, et se voir entourée de servantes promptes à la calomnie, parce que sa vertu leur était importune. La mauvaise humeur du mari ajoutait aux mérites de sa compagne. Elle avait beaucoup à supporter de la part de Patrice ; il trouvait excessive ses discrètes aumônes et ses démarches charitables lui semblaient hors de propos. Mais, au lieu de témoigner du dépit, Monique s'efforçait d'être patiente, aimable et attentive. Elle parlait souvent à Dieu de ses chagrins, de ses désirs, et se persuadait que si sa vie réflétait fidèlement ses croyances, Patrice finirait par la trouver si douce, si gracieuse, qu'il ne résisterait pas aux attraits de sa piété.

Les désordres de son mari l'affligeaient, elle pleurait quand il n'était pas près d'elle, mais elle ne lui adressait jamais un mot de reproche. Elle subissait ses emportements sans se plaindre ; puis, quand la colère était passée, elle donnait quelques mots d'explication, et sa méthode ne tarda pas à réussir. Patrice comprit la valeur de la femme d'élite qu'il avait épousée, et il s'attacha sérieusement à elle.

Monique fut mère de trois enfants. A vingt-deux ans, elle mit au monde l'aîné qui s'appela Augustin (13 novembre 354).

Son second fils Navigius, timide, instruit, toujours souffrant, oubliait sa mauvaise santé pour s'occuper de son prochain. Il tint fidèle compagnie à sa mère et s'efforça de la consoler pendant les longs égarements de son frère. Il devint père de famille ; son fils, appelé Patrice comme son aïeul, fut diacre de l'église d'Hippone, ses deux filles furent religieuses.

La troisième enfant fut une fille nommée Perpétue, comme l'illustre martyre de Carthage. Pieuse et charitable, Perpétue se maria, fut veuve de bonne heure, voulut alors se retirer près d'Augustin, et y resta jusqu'à son entrée dans la vie religieuse. On la retrouve, vers la fin de sa vie, supérieure d'un monastère fondé par son frère.

Désireuse de transmettre à ses enfants les principes qu'elle avait goûtés si jeune, et dont elle savourait chaque jour davantage la forte substance, Monique forma dès leur bas âge leur conscience ; elle y mit la droiture, la délicatesse, et y déposa le germe des sentiments religieux. Pour parler désormais plus spécialement de son fils aîné, aussitôt après la naissance d'Augustin il avait été présenté à l'église, et inscrit au nombre des catéchumènes, c'est-à-dire parmi ceux qui, aspirant au baptême, recevaient sur leurs lèvres le sel symbolique de la foi. Mais ce sacrement avait été ajourné. A cette époque beaucoup de fidèles se laissaient influencer par la considération que le baptême efface dans l'âme et remet entièrement, quant à la tache et quant à la peine, non seulement le péché originel, mais aussi tous les péchés actuels commis avant d'être baptisé. L'Église tolérait ces délais qu'elle devait abolir plus tard ; mais en cas de maladie la tolérance cessait, et il fallait se hâter de devenir chrétien. Dans son enfance, Augustin subit une telle crise d'estomac que sa vie fut en péril. Monique alors s'empressa de solliciter le sacrement. Mais le danger disparut vite et Patrice exigea pour Augustin un nouvel ajournement.

Désireuse de témoigner à Dieu la reconnaissance que lui inspirait la guérison de son fils, Monique redoubla de zèle, fit encore de nouveaux progrès dans la pratique de la charité, se montrant toujours douce, patiente et plus aimable envers son mari, sa belle-mère, et même à l'égard de ses domestiques. Ses généreux efforts portèrent leurs fruits. Elle avait été calomniée dans sa famille ; sa belle-mère le reconnut, en prévint Patrice

qui fit fustiger les servantes assez méchantes pour avoir
si injustement desservi leur jeune maîtresse. Ce
châtiment, au lieu d'aigrir les coupables, réussit à les
ramener au devoir. Elles se turent, par crainte d'abord,
ensuite par respect pour celle qu'elles avaient méconnue.
Au bout de peu d'années, la salutaire influence de
Monique s'étendit, non seulement à son intérieur, mais
aussi à ses parents du dehors, à ses voisins, à toutes
ses relations. Elle inspirait tant de confiance que
chacun venait à elle pour lui raconter ses peines ; elle
écoutait avec intérêt, ne répétait rien de ce qui pouvait
irriter, pansait délicatement les plaies qui venaient
chercher le remède, elle parvenait à les soulager efficacement ; et, quand il s'agissait d'inimitiés, elle réus-
sissait à ménager un rapprochement. Son ascendant
augmenta tellement qu'elle amena toute la maison à la
foi catholique. Patrice y arriva le dernier ; mais il vint
un jour, où lui aussi se reconnut heureusement vaincu
par la douce persévérance de sa compagne.

L'ardeur de Monique à répandre autour d'elle la
vérité ne nuisait à l'accomplissement d'aucun de ses
devoirs maternels. Elle exerça sur le cœur d'Augustin
un empire toujours plus complet, tant qu'il resta sous
sa direction. Elle s'efforçait de le convaincre de l'obli-
gation d'aimer Dieu par-dessus tout ; et d'obéir à lui
seul, quand sa loi est contredite par une puissance

humaine quelconque, fut-elle celle de la famille ou de l'État.

Augustin fit ses premières études à Tagaste; il manifesta tout de suite des dispositions pour apprendre le latin. Il avait de l'éloignement pour le travail, mais il en triompha, son désir excessif des succès le décida bientôt à s'occuper sérieusement. Sa mère, attentive à ses défauts comme à ses qualités priait Dieu et le suppliait avec ferveur de diriger son enfant du côté de la vertu, lorsqu'un malencontreux projet vint ajourner indéfiniment la réalisation de son plus cher désir. Patrice, ambitieux pour l'avenir de son fils, trouva que les maîtres de Tagaste ne lui suffisaient plus; il voulut l'envoyer à Madaure, pour y continuer ses études, à l'âge d'environ qninze ans. Cette première séparation couta beaucoup au cœur de Monique; ne pouvant pas l'empêcher elle tâche de suppléer à sa vigilance quoti-dienne par un surcroit de recommandations, de prières, mais elle n'y réussit pas. C'est à Madaure que com-mence la crise des passions. Enthousiasmé des beautés de la littérature latine, il en savoura les œuvres et l'esprit. Non seulement il se pénétra de leurs côtés élevés, mais il goûta leurs idées corruptrices. Les étudiants mal élevés, dont il était entouré, applaudis-saient à ses essais littéraires, et à ses causeries atta-chantes, il allait souvent au théâtre avec eux, là les acteurs étalaient aux regards les exemples des dieux débauchés et adultères. Cette école de dépravation acheva le naufrage de sa pureté.

Aux vacances, il revint à Tagaste chargé de couronnes, enivré de ses succès ; son père toujours plus fier d'un tel fils résolut de l'envoyer à Carthage pour donner un dernier lustre à son brillant esprit. Il le retint près de lui, le temps nécessaire pour amasser les ressources que réclamait l'accomplissement de ce dispendieux projet.

Monique ignorait les ravages exercés dans le cœur d'Augustin par le séjour de Madaure. La confiance en une si bonne mère, l'aveu de ses tentations et de ses faiblesses auraient encore pu tout sauver, mais le jeune étudiant pensa que si Monique connaissait ses dispositions et ses projets, elle en concevrait un chagrin qu'il ferait mieux de lui épargner, et il résolut de lui cacher le véritable état de son âme.

Un moment vint néanmoins où sa mère fut instruite. La lumière lui fut apportée par Patrice qui attachait beaucoup moins d'importance aux écarts de son enfant. Alors saisie de douleur et d'alarme, elle s'entretint longuement avec Augustin, lui parla le langage de la raison, de la tendresse, de la foi ; son émotion, ses larmes le touchèrent sans parvenir à modifier ses idées. Toujours anxieuse de l'avenir de

ROME. — PALAIS DES CÉSARS

son fils, elle résolut de l'accompagner à Carthage. Ils y arrivèrent ensemble pour la rentrée des écoles (370).

Cette ville, reconstruite par les Romains, était devenue l'une des plus importantes de l'empire. Un beau port, de larges quais, des rues droites, aérées, de grandes fabriques d'étoffes précieuses, des marchés garnis de produits remarquables ; tout annonçait le luxe et la prospérité matérielle. Les lettres et les arts y florissaient comme le commerce et l'industrie. Elle avait les jeux du cirque, les combats des gladiateurs et des théâtres où les chefs-d'œuvre grecs et romains étaient associés aux représentations les plus scanda—leuses.

La jeunesse était attirée dans ses écoles par leur réputation de savoir et d'éloquence. Elle y venait de loin, et y puisait surtout des mœurs dissolues, des principes subversifs de l'esprit de famille.

L'apparition d'Augustin dans les écoles de cette importante cité fit sensation. Il possédait déjà plusieurs langues, avait une aptitude singulière pour la philoso-phie, une grande ardeur pour l'étude de la poésie, et une éloquence naturelle qui jaillissait sans effort de son intelligence. Ce qui ajoutait à sa personne un charme singulier, c'est qu'au milieu de ses succès il paraissait timide et réservé.

En se reportant à cette époque de sa vie il avouera

plus tard, dans son humilité, qu'intérieurement il était tout autre ; il rêvait la gloire, il portait sur le barreau des regards pleins d'ambition. Sous cette apparente modestie, il cachait une âme de plus en plus enivrée d'elle-même.

Il ne se livrait pas à toutes les folies de ses camarades. Mais son cœur était bien plus malade que son esprit. Il cherchait pour ses appétits sensuels des satisfactions coupables, et il ne trouvait que le dégoût et le remords. Monique, quand elle apprit ses désordres en conçut une douleur si profonde qu'on put craindre pour sa vie. Elle pleurait jour et nuit. Elle ne parvenait plus à se contenir même en public. Il y avait des jours où quand elle revenait du saint sacrifice, ou quand elle sortait de la prière, la place occupée par elle restait baignée de ses larmes.

Dieu veillait sur sa fidèle servante, avec infiniment plus d'amour qu'une mère sur un enfant chéri. Vers cette époque il voulut procurer un adoucissement à son immense chagrin. Patrice déjà catéchumène résolut de se préparer au baptême en changeant de vie. Il s'efforça de réparer ses fautes et reçut le sacrement qui le rendit chrétien. Chacun put alors admirer les merveilleux effets de sa fidélité à la grâce. On s'étonnait de le voir humble, modéré, de bonne humeur, lui, naguère encore, si orgueilleux, si colère.

Monique avait été l'instrument béni de cette édifiante transformation. L'un de ses vœux les plus ardents était accompli.

Patrice ne survécut pas longtemps à son entrée dans l'Église. La mort vint l'atteindre comme il entrait dans la vieillesse, elle ne le surprit pas, parce qu'il était sérieusement préparé.

Veuve à quarante ans, Monique renonce plus complètement au monde qu'elle n'avait jamais guère fréquenté. Elle se voue au silence, à la retraite, et se consacre au soulagement de toutes les misères. Elle adopte des vêtements encore plus simples que ceux du passé, s'impose des jeûnes fréquents très rigoureux ; puis, quand elle ne jeûne pas, aux fêtes de l'Église, par exemple, elle use des aliments les moins appétissants, se retranche sur la quantité, et se borne à ce qui est nécessaire pour soutenir ses forces.

Ses économies sont employées à nourrir les indigents. Elle leur fait l'aumône matérielle et surtout celle du cœur, elle leur donne l'affection dont les malheureux ont si souvent besoin et elle élève leur âme vers le ciel. Elle soigne les malades, dont les souffrances lui avaient toujours inspiré tant de compassion. Tantôt elle va chez eux ; tantôt elle les visite dans les hôpitaux qui commencent à surgir, au grand étonnement des païens. Les asiles consistaient alors en une série de petits bâtiments, où chaque malade était recueilli dans une cellule séparée. Les pauvres l'appelaient leur *servante*, à cause des nombreux services qu'elle se plaisait à leur rendre, et aussi leur *mère*, à cause de la bonté, du courage, de la tendresse avec lesquels elle les assistait.

D'autres œuvres avaient encore part à sa sollicitude ; ainsi elle s'adonnait à l'ensevelissement des morts ; elle rendait de préférence ce devoir à ceux qui avaient eu le bonheur de terminer chrétiennement leur vie, et traitait avec respect ces temples du Saint-Esprit en pensant qu'ils revivront dans la gloire : elle les lavait de ses mains, les enveloppait d'un linceul, les accompagnait à l'église et les suivait jusqu'au cimetière où ils étaient déposés, pour y attendre la résurrection.

Elle s'intéressait au sort des petits orphelins, confectionnait leurs vêtements, et s'efforçait de les conduire à Dieu.

Enfin elle consolait les veuves, les femmes mariées dans leurs douleurs, et toutes les personnes affligées qui souvent n'osent parler de leurs chagrins qu'aux âmes pieuses et discrètes.

C'est à l'église, près du tabernacle, qu'elle va chercher la force et la lumière pour accomplir tout ce bien. Le matin, elle se place près du saint autel, y entend la messe à laquelle elle communie, puis elle

revient le soir, avec le livre des psaumes, son fidèle
compagnon. Dans la journée, elle se rend aux tom-
beaux des martyrs, pour y porter une corbeille rem-
plie d'offrandes, afin de faire mieux comprendre aux
pauvres qu'il s'exhale des saintes reliques un parfum
de charité.

Dans ses œuvres si nombreuses, si méritoires,
elle n'oubliait pas l'âme de Patrice ; elle priait ins-
tamment pour l'entière délivrance, le lieu de la lumière
et de la paix ; mais sa pensée dominante, son inces-
sante préoccupation étaient la conversion d'Augustin.
Elle le demandait à Dieu, à ses saints : elle offrait
ses pénitences et faisait au ciel cette violence qui finit
par triompher. Cependant, Augustin ne revenait pas
encore à Dieu, il se montrait plein d'ardeur pour le
travail, et malgré la délicatesse de son tempérament,
il consacrait un temps considérable à l'étude et acqué-
rait les connaissances les plus variées. Il se pénétrait
des ouvrages de Cicéron, parvenait à comprendre les
catégories d'Aristote et donnait la préférence aux pensées élevées de Socrate et de Platon. Il cherchait la
lumière qui conduit au salut, il ne la cherchait pas où
il l'eut trouvée ; il n'ouvrait pas les saints Évangiles,
parce qu'il avait le vague instinct des sacrifices qu'ils
lui auraient demandés, et qu'il ne voulait pas faire.

A cette époque, il y avait une hérésie en grande

faveur ; c'était celle de Manès. Elle honorait Jésus-Christ sans suivre ses commandements, elle associait à quelques vérités des erreurs qui toléraient la corruption des mœurs. Manès supposait deux principes éternels, le bien et le mal, ne pouvant se vaincre ni se concilier. Dans l'homme il admettait deux âmes, l'une allant à la vertu, l'autre attirée par le péché. Il proclamait la venue du Messie, le mystère de l'Incarnation, les bienfaits de la Rédemption. Malgré l'absurdité de son système le manichéisme séduisait les esprits par l'attrait d'une religion commode qui permettait à chacun de croire ce qu'il voulait. Augustin se laissa séduire par une secte qui calmait les remords de sa conscience, et dispensait de la pénitence, tout en rendant des hommages à Jésus-Christ.

A dix neuf ans, il renonçait au catholicisme pour devenir manichéen. Une fois enrôlé sous cette triste bannière il la suit pendant neuf années, de plus ou moins près, et cherche à entraîner ses amis dans cette nouvelle voie. Il revient à Tagaste, et veut gagner ses anciens camarades. Mais comment décrire la désolation de Monique, quand elle apprend l'apostasie de son fils? Ses larmes semblent intarissables, et dans les premiers moments de sa profonde douleur, s'armant de la sévérité d'une mère vigilante, elle ne voulait plus le supporter sous son toit. La nuit suivante, pendant

qu'elle prend un peu de repos, après une longue veillée
de prière, un songe lui montre que plus tard son fils
reviendra sûrement à la vérité; alors calmée par cette

apparition, elle permet à saint Augustin de rentrer
dans sa maison.

Mais elle craignait toujours de n'en pas faire assez

pour ramener au bercail la chère brebis égarée. Aussi, quand de saints personnages venaient à Tagaste, elle ne manquait pas d'aller demander conseils.

Un vénérable évêque, entre autres, reçut la confidence de ses alarmes. Il lui répondit :

— Quand à présent il faut s'en tenir aux prières et aux bonnes œuvres, faites à son intention ; mais plus tard il reviendra sûrement à la vérité. Continuez à agir comme vous l'avez fait jusqu'à présent. Il est impossible que le fils de tant de larmes périsse.

Ces paroles, prononcées avec un accent convaincu, restèrent comme un baume et une ferme espérance dans le cœur de la sainte.

Augustin fit à Tagaste un cours de belles lettres. La mort prématurée d'un jeune ami sorti de ce monde avant d'avoir reçu le baptême, vint abréger son séjour. Ce douloureux événement l'avertissait de la fragilité de la vie présente, et il lui inspira tant de tristesse qu'il voulut s'éloigner. Il résolut de retourner à Carthage, pour y faire un cours d'éloquence. Bientôt il vit un nombreux auditoire se grouper autour de sa chaire.

Un résultat meilleur de sa venue dans la capitale de l'Afrique fut sa conférence avec Fauste, évêque manichéen. Orateur habile, persuasif, et d'une conduite exemplaire, en réfléchissant à l'hérésie de Manès

qui l'avait séduit, Augustin avait aperçu de graves
objections contre cette triste hérésie; il les soumit à
Fauste, qui ne put pas les résoudre, et lui fit simple—
ment l'aveu de son impuissance.

Augustin dit à ce sujet :

« Fauste commençait à son insu, et sans le vouloir,
à me tirer du piège où j'étais tombé, ô mon Dieu, si
vous ne m'avez pas abandonné, en cette circonstance
si périlleuse, c'est que ma mère pleurait, jour et nuit,
et offrait en sacrifice le sang de son cœur. »

Augustin ne trouva pas à Carthage la réalisation de
ses rêves. Les étudiants dissipés et turbulents ne lui
apportaient ni attention ni déférence. Il se persuada
qu'à Rome il réussirait mieux, il résolut de s'y rendre
et il exécuta promptement ce dessein. Monique l'avait
accompagné à Carthage. Dès qu'elle connut son projet,
elle le conjura de ne pas l'exécuter ou du moins de
l'emmener avec lui. Il ne voulut exaucer aucun de ces
deux souhaits. Pour rester inflexible sans cesser d'être
respectueux, il usa d'un stratagème, il dit un soir à sa
mère qu'il allait monter sur un navire, pour prolonger
ses adieux à un ami très cher, et rester avec lui jusqu'au
signal du départ.

Monique, confiante en la parole de son fils, alla
passer cette nuit dans une chapelle consacrée
à saint Cyprien, et située sur le bord de la mer,

tout près du navire. Le lendemain matin, elle vint chercher Augustin sur le rivage ; il était parti pour Rome !

« .... O mon Dieu ! que vous demandait ma mère, dit-il à ce sujet ? Elle vous conjurait de ne pas permettre mon voyage. Et vous, pour exaucer son vrai désir, vous lui refusiez ce qu'elle désirait obtenir pour lui accorder (en me laissant partir pour l'Italie, où je devais me convertir), ce qui était en réalité l'objet de ses prières de chaque jour. »

Rome comptait alors plus d'un million d'habitants dont l'immense majorité se composait d'esclaves. Elle comprenait dans son enceinte de grandes richesses artistiques, de remarquables aqueducs, le Forum avec sa tribune aux harangues, le vaste amphithéâtre du Colisée, le palais des Césars, le Capitole, environ cinq cents temples, le Panthéon, mille huit cents palais, et quarante mille demeures où le peuple était entassé. Le peuple était libre, mais il abusait de sa liberté en refusant souvent le travail, et il prétendait au droit à l'oisiveté. Pourvu qu'il eut du pain et des jeux, son ambition ordinaire était satisfaite.

Augustin, à son arrivée, descendit chez un manichéen, auquel il avait été recommandé. Il n'avait pas encore tout à fait rompu avec la secte, mais il ne croyait plus guère qu'elle fut dans le droit chemin.

Quand il vit, chez son hôte, les orgies, les mœurs
dépravées, et la honteuse corruption qui déshonorait
les disciples de Manès, il résolut de n'avoir plus aucune
relation avec eux. Détournant les yeux de ce triste
spectacle il porta ses regards vers l'Église catholique,
il la vit ornée de vives splendeurs. Elle était alors
gouvernée par le grand pape Damase, c'était entre
autres le temps de Jérome, d'Épiphane de Chypre, de
Valérien d'Aquilée; puis de Paula, d'Eustochie, de
Fabiola, de Marcelline, âmes fortes et saintes, dont les
œuvres et les vertus donnaient au monde les plus salu-
taires enseignements.

Dès que le maître fut installé avec l'aide d'Alype son
fidèle ami, son zélé compagnon de voyage, il ouvrit son
cours. La foule, attirée par le double attrait de la
renommée et de la nouveauté, accourut pour l'entendre; mais les étudiants de Rome ne lui donnèrent
pas plus de satisfaction que ceux de Carthage. Ici, la
bassesse des sentiments remplaçait la turbulence des
jeunes africains. Parfois il arrivait à ses auditeurs de
s'entendre pour déserter ensemble les leçons du professeur, blesser son amour-propre et le priver d'hono-
raires dont il avait besoin. Ces procédés indélicats
l'avaient de nouveau jeté dans le découragement,
quand la ville de Milan écrivit à Symmaque alors préfet
de Rome, l'un des derniers avocats du paganisme, pour

lui demander un professeur d'éloquence qu'elle se chargeait de rémunérer. Augustin ambitionna des fonctions où sa position ne devait plus être à la merci de disciples mal élevés : il obtint cette place après les épreuves d'un brillant concours, et prit bien vite les dispositions nécessaires pour aller les exercer.

La lenteur et la rareté des moyens de correspondance ne lui avaient pas permis de faire parvenir rapidement ces bonnes nouvelles à sa mère. Monique, le croyant toujours à Rome, fit quatre cents lieues pour le rejoindre, et dut essuyer une horrible tempête, pour ne plus trouver son fils dans la capitale du monde chrétien. Malgré son excessive fatigue, elle ne voulut pas se reposer avant de l'avoir de nouveau retrouvé. Elle se mit en route par des chemins difficiles, avec des moyens de transport très médiocres, traversa les Apennins, franchit un espace de deux cents lieues, mais elle fut bien heureuse, au terme du laborieux voyage, de voir son Augustin en relations avec saint Ambroise.

Les débuts du grand archevêque de Milan n'avaient pas semblé le préparer à l'éminente dignité de l'épiscopat. Issu d'une famille illustre, avocat distingué, il avait acquis de la réputation au barreau. A trente ans, n'étant encore que catéchumène, mais déjà riche de vertus chrétiennes, il était préfet de la ville, quand une circonstance imprévue vint lui révéler une vocation qu'il ne soupçonnait pas. Il s'agissait d'élire un successeur à l'archevêque qu'on venait de perdre. Deux partis se disputaient cette redoutable succession, et y mettaient un acharnement qui menaçait de dégénérer en désordres. Le préfet vint à l'église pour y maintenir la paix. Il fit dans ce but un éloquent discours ; et après l'avoir entendu, un enfant, élevant le voix, s'écria : *Ambroise, évêque.* Il répéta plusieurs fois ces deux mots ; ils furent accueillis par d'immenses acclamations. Cet élan d'un cœur pur parut à chacun la manifestation de la volonté de Dieu ; le clergé, les fidèles, non seulement s'y soumirent, mais l'accueillirent avec enthousiasme. Ambroise seul essaya de s'y soustraire, mais sa résistance fut vaincue par la persévérante volonté de ses futurs diocésains. Il fut baptisé, fit une retraite, fut ordonné prêtre, reçut la consécration épiscopale (7 décembre 374), et, sous l'action de la grâce, les trésors de son âme s'épanouirent, comme les fruits de la terre sous l'influence d'un soleil vivifiant.

Attiré par une réputation d'éloquence déjà répandue au loin, Augustin se mit en relations avec Ambroise, et suivit assidument ses discours au peuple, bien plus occupé de l'art de bien dire que des vérités exposées par le grand prédicateur. Le prélat lui témoigna tout d'abord une bienveillance marquée, et l'attira par ses bontés paternelles. Quand il voyait Monique, il confir-

mait ses espérances ; quand il causait avec Augustin,
il lui exprimait combien il était heureux d'avoir une

ROME. — RUINES DU THÉÂTRE DE VESPASIEN.

telle mère. Peu à peu une douce intimité s'établit entre
l'archevêque et son jeune diocésain.

Dans ce salutaire commerce, les erreurs accumulées
dans l'esprit d'Augustin se dissipèrent, et les vérités
révélées vinrent occuper leur place. Il se mit à étudier
les saintes Écritures ; il y découvrit avec l'âme humaine
des harmonies qui le surprirent et le charmèrent. Cette
étude le rapprocha davantage de la vérité, et le décida
bientôt à reprendre dans l'église sa place de catéchumène, jusqu'à ce que les nouvelles lumières le décidassent
à une démarche plus sérieuse. Le grand obstacle pour
un retour plus complet, c'était les passions qu'il n'avait
pas encore eu le courage de vaincre et qui luttaient
contre la voix de sa conscience.

Avant de se rendre, il eut de violentes tentations à
combattre. Des explications données par Simplicien,
vénérable prêtre qui avait dirigé la jeunesse d'Ambroise,
lui apportèrent un surcroit de force et de lumière. Puis,
à la suite d'une conversation avec son ancien ami Poti-
tien, sur l'héroïsme des solitaires, il s'éleva dans son
cœur un suprême combat entre la grâce et la nature
viciée. Pendant que sa mère, agenouillée dans sa
chambre, aide à la victoire par l'ardeur de ses supplications, Augustin, plus troublé que jamais, se précipite
avec Alype dans le jardin (1). Tout à coup, il s'éloigne
de son ami, s'agenouille sous un figuier, verse d'abon-

(1) On montre encore à Milan, la petite chambre où Monique priait,
et le jardin où la grâce a triomphé d'Augustin il y a quatorze siècles.

dantes larmes, et il entend une voix jeune, douce, qui semble sortir d'une maison voisine; elle lui dit et lui répète en chantant : « Prenez et lisez! Prenez et lisez! » A ces mots, il cesse de pleurer, va chercher le livre des épîtres de saint Paul, l'ouvre et lit ces paroles :

« Ne vivez plus dans les festins, ni dans les débauches, les impuretés, les disputes et les jalousies; mais revêtez-vous de Jésus-Christ. Ne cherchez plus à contenter votre chair, selon les désirs de votre sensualité. »

Après avoir lu ces conseils qui répondaient si bien à l'état de son âme, son cœur est inondé de paix, de lumière, de courage. Augustin est enfin converti! Il raconte à Alype ce qu'il éprouve ; il relit le passage qui vient de l'éclairer, et son disciple, dont la vie depuis longtemps était plus pure que celle du maître, continuant la lecture, arrive à un conseil qu'il s'applique à lui-même :

« Assistez le faible dans la foi. »

Vite, ils vont ensemble à Monique pour lui apprendre que ses vœux si ardents sont exaucés. On se figure ce que fut sa joie! Après une lutte de dix-sept années, ses larmes triomphaient et donnaient un grand docteur à l'Église. Augustin avait alors trente-deux ans.

CHAPITRE III

Quand saint Augustin eut le bonheur de se rendre à l'appel de la grâce, l'excès du travail avait compromis sa santé; il respirait difficilement et semblait menacé d'une maladie de poitrine. Il renonça dès lors à son cours d'éloquence, et prit le parti de se retirer à la campagne, pour s'y préparer à recevoir le sacrement du Baptême. Vérécundus, admirateur de sa parole et de son talent, regretta vivement sa détermination qui devait l'éloigner de lui; et pour que son ami emportât un doux souvenir des mois qu'Augustin avait encore à passer en Lombardie, Vérécundus mit à sa disposition une agréable maison de campagne, située près de Milan, et nommée Cessiacum. Là, dans l'intimité de sa mère et de quelques disciples, Augustin commence à goûter les joies de l'union avec Dieu. Il compose le traité de *la vie bienheureuse, les livres de l'ordre*, puis des soliloques dans lesquels il peint l'état de sa conscience, et raconte la satisfaction qu'il éprouve à combattre les restes de ses passions.

Il partage son temps entre la prière, l'étude et des conférences avec les esprits d'élite qui l'ont suivi dans sa retraite. De ces entretiens, le plus célèbre est celui qui examine le grand problème de la vie; en voici le résumé. Augustin pose d'abord cette question :

— Qu'est-ce que la vie?

» La seule vie qui mérite ce nom, c'est celle de l'âme.

» Son aliment consiste à connaître et à aimer la vérité.

» Le grand but de la vie, c'est le bonheur. Nous y aspirons du berceau à la tombe. Mais où trouver le bonheur?

» On est heureux, quand on a tout ce qu'on désire.

— Pas toujours, dit alors Monique; oui, si on désire le bien : non, si on aspire au mal et qu'on l'obtienne; car on est alors très malheureux.

Augustin reprit avec émotion :

— Ma mère, vous venez d'exprimer une des plus hautes vérités que nous enseigne la philosophie.

» Celui qui veut être heureux doit monter plus haut que les choses périssables ; il faut qu'il cherche ce qui dure toujours, ce que les revers de la fortune ne lui enlèveront jamais, Dieu seul est éternel ; en lui seul est le bonheur.

Cependant le carême approchait, et, pendant la sainte quarantaine, ceux qui devaient être baptisés à Pâques suivaient des instructions faites exprès pour eux. Augustin aurait pu se dispenser d'y assister, mais il voulut les entendre pour se conformer à la règle. Dans la nuit de Pâques (du 24 au 25 avril 387), vêtu d'une longue tunique blanche tissée par sa mère, il recevait à Milan le saint Baptême dans une chapelle qu'on visite encore de nos jours avec attendrissement. De son temps, elle était dédiée à saint Jean-Baptiste ; maintenant elle est placée sous son invocation.

Après le baptême, il prit le cierge allumé, symbole de son amour pour Dieu, s'avança vers l'autel et reçut, pour la première fois, Notre Seigneur Jésus-Christ.

Après cette imposante cérémonie, dans laquelle Adéodat et Alype étaient aussi devenus chrétiens, Monique, Augustin et les disciples placés sous sa direction n'eurent plus qu'un désir, c'était de revoir la patrie et de retourner en Afrique pour y travailler au salut des âmes. Dès qu'on eut réglé les affaires, on se dirigea vers Ostie, où l'on espérait un prompt embarquement. Mais, au lieu de trouver un vaisseau prêt à naviguer, on rencontra la maladie, qui donna le signal d'un autre départ.

Un soir, appuyés contre une fenêtre faisant face sur le jardin, dont la vue plongeait sur la mer, Monique et Augustin se livraient à une douce causerie. Ils parlaient du vide de ce monde, et du bonheur de servir Dieu. La conversation se prolongea beaucoup, et Monique la termina par ces mots :

— Mon fils, pour ce qui me concerne, rien ne me retient plus en cette vie. Que dois-je y faire, et pourquoi y suis-je, maintenant que j'ai obtenu ce que je désirais tant? Une seule chose m'y attachait, c'était la volonté de vous voir catholique avant de mourir. Dieu m'a exaucée au delà de mes vœux. Ma tâche est accomplie; que fais-je donc encore ici-bas?

Saint Augustin, dans ses confessions, dit à propos de ces paroles :

— Je ne me rappelle pas ce que je répondis à ma mère; mais cinq jours après ou guère plus, les fièvres la saisirent. Pendant sa maladie il lui arriva de perdre un peu connaissance. Nous courûmes près de son lit;

elle ne tarda pas à reprendre ses sens, et nous voyant alors, mon frère et moi, debout à ses côtés, elle nous demanda où elle était, avec l'air de chercher quelque chose. Puis, s'apercevant de notre chagrin, elle ajouta : « Vous enterrerez ici votre mère. » Je m'efforçai de retenir mes larmes, et je gardai le silence ; mais mon frère exprima la pensée qu'il est plus pénible de mourir sur la terre étrangère que dans son pays. A ces mots, elle dit en se tournant de son côté : « Voyez comme il parle ! » Puis, s'adressant à tous deux : « Enterrez mon corps en quelque endroit que ce soit ; ne vous en mettez nullement en peine. Tout ce que je vous recommande, c'est que, partout où vous serez, vous vous souveniez de moi à l'autel du Seigneur.

Une autre fois, on lui demanda de nouveau si elle ne regrettait pas de laisser ses restes mortels en une contrée si éloignée de sa patrie. C'est alors qu'elle exprima cette belle pensée :

— Rien n'est éloigné de Dieu : je sais qu'à la fin des siècles il n'aura pas de peine à retrouver mon corps pour le ressusciter.

A cinquante-six ans, après neuf jours de maladie, Monique mourait, s'il est permis de dire qu'on meurt quand on prend son vol pour s'élancer vers la vraie patrie. Ce départ plongea ses enfants dans l'affliction, parce qu'ils ne pouvaient plus la voir, ni recueillir ses paroles (1). Il modifia leurs projets. Augustin voulut prolonger son séjour en Italie, afin de ne pas s'éloigner vite d'une tombe chérie. Pendant près d'un an, il partagea son temps entre Ostie et Rome, adonné à la prière, au silence, à l'étude des Saintes Écritures, à la visite des monastères, des églises et des catacombes. Dès cette époque il avait renoncé aux vêtements africains, et avait adopté le costume des zénobites d'Orient, la longue robe noire de laine ou de toile, avec capuchon, et ceinture de cuir.

De retour à Tagaste, Augustin y vend ses biens, en distribue aux pauvres la plus large part, puis il se retire à la campagne, dans les environs de la ville,

---

(1) Le culte de sainte Monique s'établit d'abord sur quelques points isolés d'Italie. Ce fut seulement vers le milieu du xve siècle que le pape Martin V le généralisa. Il fit rechercher ses précieuses reliques qui furent transportées d'Ostée à Rome. De nombreux miracles accompagnèrent cette translation. Une petite chapelle fut dédiée à Monique, près de l'église des Ermites de saint Augustin. Plus tard, le cardinal d'Estouteville, archevêque de Rouen, dota Rome d'une basilique, sous le vocable du grand docteur d'Afrique, le corps de sa mère y fut déposé dans une chapelle mise sous l'invocation de la sainte, et ornée de peintures à fresques qui racontent à leur manière les principales circonstances de sa vie.

Parmi les Confréries fondées sous son patronage, on cite :

1º Celle qui fut créée en 1445 par le Souverain Pontife Eugène IV, pour répondre aux vœux des mères affligées; 2º l'Association des mères chrétiennes, priant réciproquement pour leurs enfants, organisée à Paris, en 1850, dans la chapelle de Notre Dame de Sion, placée sous la direction du R. P. Ratisbonne. Cette Archiconfrérie s'est étendue dans toute la France, a passé la frontière, a traversé les mers, et compte plus de 200,000 Associées.

CATHEDRALE DE MILAN

pendant près de trois ans avec ses compagnons,
s'adonnant au jeûne, à l'oraison, aux bonnes œuvres,
et méditant les mystères de la foi chrétienne.

Un jour Augustin vint à Hippone pour gagner à la
vie religieuse une âme qui lui paraissait digne de cette
grâce. Il se rendit à l'église ; et, après la messe,
l'évêque, en sa présence, exprima le désir que la Providence lui envoyât un jeune prêtre, capable de l'aider à
porter un fardeau, devenu trop lourd pour sa vieillesse.
A ces mots, les regards, les voix, toutes les volontés
se tournèrent vers le fils de Monique, et le désignèrent
pour l'ordination. Il fut conduit de force aux pieds du
vénérable prélat, et il reçut le sacrement de l'Ordre
malgré les objections de son humilité.

Il résolut alors de se fixer avec ses amis dans les
environs d'Hippone, ville importante, bâtie en face de
la mer, moitié en plaine, moitié sur un double mamelon,
et baignée par deux rivières. Augustin réalisant l'un de
ses vœux les plus ardents, réussit à fonder un monastère aux portes de cette cité. Il sut donner à ses religieux des lois si sages, si conformes à l'esprit de
l'Église, qu'elles excitèrent l'admiration générale. Dans
la suite des âges, on verra saint Dominique, saint
Gaëtan, saint François de Sales, et bien d'autres,
emprunter pour leurs Ordres, à la règle de saint
Augustin, leurs meilleures prescriptions.

La famille spirituelle d'Hippone fut féconde en fruits de sainteté. Elle offrit de grands serviteurs à la vérité; saint Alype, évêque de Tagaste, saint Evode à Uzale, saint Sévère à Malèze, saint Possidius à Calame, saint Profuturus à Cirthe. D'autres religieux, pères de nouvelles familles spirituelles, sortirent de cette école de perfection, et furent des hommes puissants en œuvres de salut.

Du fond de son monastère, Augustin ne tarda pas à répandre dans le monde la lumière et la charité. Il prêchait tous les dimanches dans l'église d'Hippone, y attirait un nombreux auditoire. Dans sa maison comme dans le sanctuaire il profitait de toutes les occasions · pour instruire et porter les âmes vers Dieu. Ses exhortations et ses ouvrages excitaient de vifs transports de joie et d'admiration. Ses livres se succédaient rapidement. Les catholiques et les hérétiques rivalisaient d'ardeur pour les lire, et recueillaient avec un respectueux empressement ses moindres paroles. L'église d'Afrique, depuis longtemps éprouvée, relevait la tête, et l'Église universelle tressaillait d'une légitime fierté.

An bout de quelque temps ses pouvoirs spirituels reçurent un nouvel accroissement. Son vénérable évêque, heureux d'être secondé par un si précieux auxiliaire, résolut de se l'attacher à titre de coadjuteur; il sollicita du Primat d'Afrique les autorisations et les dispenses nécessaires pour conférer à Augustin la consécration épiscopale. Quand le jeune prêtre connut ce dessein il y fit une vive résistance, et, comme pour l'ordination il fallut en quelque sorte lui faire violence, ou du moins appuyer beaucoup sur le devoir de l'obéissance.

Pendant environ quarante ans, le saint gouverna l'église d'Hippone, on pourrait dire les églises africaines, tant il inspirait de confiance au pays! Nul ne saurait énumérer les travaux, les fruits de son infatigable sollicitude. Son esprit logique et pénétrant, son intelligence supérieure, son heureuse mémoire, son grand cœur, et, pour tout dire en un mot, son génie bienfaisant, mis au service de la religion, parvinrent à produire des merveilles, et à élever un incomparable monument, composé de plus de mille cent trente ouvrages. Ils exposent la vérité aux fidèles, leur en inspirent l'amour et le défendent contre les hérétiques, si nombreux de son temps.

C'étaient les Ariens, qui osaient nier la divinité de Jésus-Christ.

C'étaient les Pélagiens qui ne reconnaissant ni l'existence du péché originel, ni la nécessité de la grâce pour pratiquer la vertu, prétendaient que l'homme, par ses propres forces, peut opérer son salut.

C'étaient les donatistes, qui n'admettaient comme valides que les sacrements conférés dans la secte.

Les hérésiarques de ce siècle attaquaient la doctrine
à des aspects divers, sous prétention de la purifier de`
tout alliage. Ils voulaient, disaient-ils, le plus souvent,
séparer le bon grain de l'ivraie; mais ils n'osaient pas
comme les impies de nos jours, nier la divinité de la
religion catholique parce que les preuves de sa céleste
origine étaient trop récentes et trop généralement con-
nues, pour qu'ils pussent les contester avec des chances
de succès. Ces pauvres égarés avaient une origine
commune et une évidente parenté. Ils étaient tous fils
de l'orgueil, et si l'on excepte les hommes de bonne
foi, on constate que les masses poursuivaient le même
but : elles voulaient, sous un voile religieux, cacher le
désordre des mœurs, et le scandale de la vie. Leurs
attaques ont été victorieusement répoussées, leurs vains
efforts n'ont abouti qu'à des ruines, tandis que le
catholicisme continue et continuera jusqu'à la fin du
monde à éclairer l'humanité, à l'instruire et à la consoler. Mais, pour résister à des adversaires si ardents,
il fallait un défenseur toujours sur la brèche, répon-
dant aux objections, réfutant les erreurs, et maintenant
tous les dogmes. Cet homme, suscité de Dieu, fut
Augustin. Aucun docteur n'attira plus à la religion, et
ne le la fit goûter davantage. Il savait, par expérience,
le malheur de ceux qui ne la pratiquent pas; il les
supportait avec une patiente charité, les attirait, et

leur montrait qu'il les aimait. Il pensait avec raison qu'en parvenant à gagner les cœurs, on réussit bien mieux à faire triompher la vérité dans les intelligences.

Son livre des Confessions révèle une connaissance intime de l'âme. Saint Augustin y raconte les désordres et les égarements de sa jeunesse avec un accent de profond repentir.

Quant à ses autres œuvres, ses traités, ses sermons, ses lettres, elles présentent dans leur ensemble un exposé complet du catholicisme, Dieu et ses perfections infinies ; l'âme qu'il appelle *un œil ouvert pour regarder Dieu,* afin d'exprimer qu'étant faite pour être unie au divin Maître elle trouve en lui son repos et son bonheur ; Jésus-Christ, les Évangiles, l'Église et son enseignement, la création et la chute de l'homme, l'origine et la nature du mal occupent une place importante dans les ouvrages du saint, et sont, en quelque sorte, placés au frontispice de son monument.

L'histoire des deux cités nous montre la voie dans laquelle nous devons nous affermir. La cité de Dieu, celle des chrétiens commence par les anges fidèles, se continue par Abel, les patriarches, David, les prophètes, Jésus-Christ, ses disciples, et nous conduit au ciel. — La cité de la terre, celle du démon et des païens, remonte aux anges rebelles, se compose de tous les impies, se livre à la poursuite exclusive des biens temporels, et aboutit à des souffrances qui ne finiront pas. Les deux cités sont soumises aux mêmes épreuves, mais les calamités, qui purifient l'une sont pour l'autre le commencement de ses châtiments. Dans la cité de Dieu, la grâce allège le fardeau et facilite la tâche. Elle est nécessaire à ceux qui veulent entrer dans cette cité bénie, et s'y maintenir. Les canaux, par lesquels elle passe pour pénétrer dans les âmes, sont les sacrements. Ses effets sont les vertus, la foi, l'espérance, la charité, le détachement, la pureté, l'obéissance aux lois divines, le bonheur des familles et la prospérité des nations.

Saint Augustin parle de la grâce, c'est-à-dire de ce secours venu d'en-haut, sans lequel l'homme ne peut rien, pour le ciel, et avec lequel il devient capable des actes les plus héroïques ; il expose les vérités qui s'y rattachent avec un tel amour de Dieu, une si grande élévation de pensées, qu'il a été surnommé l'*apôtre de la grâce*. En l'écoutant ou en le lisant, ses contemporains se sentaient émus : pénétrés d'admiration, ils revenaient à une doctrine dont la vérité leur apparaissait dans tout son éclat.

Quand saint Augustin parle de l'âme montant graduellement vers Dieu par la vertu, la méditation, unie intimement à Lui par l'amour, il renonce à décrire le calme et le bonheur dont elle jouit.

GRÉGOIRE XVI

« Il a existé, dit-il, des âmes supérieures, tout à fait éminentes qui en ont révélé ce qu'elles ont jugé utile de nous apprendre, d'après l'expérience qu'elles ont faite. Mais ce que je peux affirmer sans crainte, c'est que nous aussi nous y parviendrons par la grâce de Dieu. Alors nous verrons la vanité et le néant de tout ce qui est sous le soleil. Alors les grands et merveilleux changements qui attendent notre nature corporelle se montreront à nous d'une manière si distincte que la résurrection même de la chair nous apparaîtra plus certaine que le lever du soleil, pour le lendemain du jour où nous l'avons vu disparaître à son coucher. Alors enfin nous concevrons, pour les hommes orgueilleux qui se moquent du mystère de l'éternité; la même idée que l'on se fait d'un enfant qui, voyant un peintre dessiner sur une toile les premiers traits de son ébauche, ne pourrait pas s'imaginer qu'une figure dut bientôt sortir de son pinceau, ô charme tout-puissant, attaché à la contemplation de la vérité! Dans les saintes ardeurs où est l'âme d'atteindre l'objet qu'elle contemple, la mort elle-même, qu'autrefois elle envisageait avec terreur, devient douce et désirable comme le plus grand de tous les biens. »

Avec le christianisme, la pensée de la Providence, c'est-à-dire de l'action de Dieu gouvernant le monde, avait pénétré dans les âmes; mais dans les temps troublés où vivait saint Augustin bien des convictions étaient ébranlées. Quand on voyait les catastrophes menacer le pays, l'empire romain s'écrouler, les barbares l'envahir, on se laissait aller au murmure. Pourquoi Dieu nous abandonne-t-il? disait-on. Qu'avons-nous fait pour nous attirer cet excès d'infortune? Pourquoi le Seigneur étend-il ses bienfaits sur les impies, au lieu de réserver ses faveurs à ceux qui en sont dignes? Le saint leur répondait : Si Dieu fait lever tous les jours le soleil sur les bons comme sur les méchants c'est qu'Il veut, par sa patience, inviter les méchants à la pénitence, et par ses châtiments exercer les bons à la résignation, afin d'augmenter leurs mérites.

Quand les fidèles observateurs de la loi divine sont privés des prospérités humaines qu'ils obtiennent souvent, ils ne doivent pas s'en plaindre. Si leur récompense est ajournée, elle n'en sera que plus belle. La vie présente est courte et fragile; après elle, il en viendra une autre qui durera toujours, c'est dans cette autre vie que toutes choses seront remises à leur place, et que chacun sera traité comme il doit l'être. Qu'importent des épreuves ou des joies éphémères? Si la justice sévissait immédiatement contre le péché, si les avantages temporels étaient toujours accordés à la vertu, ne comprend-on pas que l'immortalité de l'âme perdrait un de ses plus solides arguments et, que le juste verrait lui échapper une source féconde de mérites?

D'ailleurs, on a tort de prétendre que les maux pèsent également sur les bons et sur les méchants, comme le même feu fait briller l'or et noircit la paille, comme le même fléau écrase le chaume et purge le froment, ainsi la même peine, frappant les bons et les méchants, éprouve, purifie les uns et fait éclater leur vertu, tandis qu'elle condamne et perd les autres.

Il répond à ceux qui se scandalisent, de ce que Dieu n'a pas soustrait les chrétiens aux fureurs des barbares :

« Les fidèles ont, dites-vous, perdu tout ce qu'ils possédaient. Quoi donc? Ont-ils perdu la foi, la piété, les biens de l'homme intérieur, qui est riche devant le Seigneur? Ce sont là les vraies richesses ; ce sont celles des chrétiens. Plusieurs ont été emmenés en captivité ; mais a-t-on pu les conduire si loin qu'ils n'y aient pas trouvé leur Dieu?

» Quelques-uns ont été massacrés ; mais la mort est-elle jamais funeste, quand elle est précédée d'une bonne vie? Puisque tous doivent mourir, il faut se préoccuper, non de ce qui cause la mort, mais du lieu où l'on va en mourant. Il en est qui n'ont pas été ensevelis ; est-ce là un malheur que les hommes de foi doivent redouter? Quand même leurs corps seraient dévorés par les bêtes sauvages, cela ne les empêcherait pas de ressusciter? — Dieu est partout. Quand il nous afflige, c'est pour éprouver notre vertu ou nous châtier de nos péchés; il nous réserve une récompense éternelle pour les maux passagers que nous aurons supportés patiemment. »

La pensée de la résurrection revenait souvent sur ses lèvres et sous sa plume, parce qu'elle remplissait son cœur. Nous la trouvons dans un de ses discours, développée de la manière suivante :

« Une personne que vous aimez a cessé de vivre; vous n'entendez plus sa voix; elle ne se mêle plus à la joie des vivants; et vous, vous pleurez !

» Pleurez-vous aussi sur la semence, lorsque vous l'avez jetée en terre? Si un homme qui a confié un grain à la terre se mettait à gémir de la perte de ce grain, s'il se lamentait à la pensée de ce blé enfoui, vous, plus éclairé que lui, n'auriez-vous pas compassion de son ignorance? Ne lui diriez-vous pas : cessez de vous attrister, ce que vous avez enseveli dans la terre n'est plus dans votre grenier ni dans vos mains; c'est vrai; mais encore quelques jours, et votre champ, si aride en apparence, se couvrira d'une abondante moisson, et vous serez très heureux de le posséder, comme nous le sommes, en pensant à ce qui doit arriver à chacun de nous, en songeant au bonheur de ceux qui nous sont chers, et qui nous ont précédés dans la vraie vie. »

Voici comment saint Augustin parle du passage de Jésus-Christ sur la terre :

« .... Les hommes couraient après les richesses matérielles avec une ardeur incroyable. Jésus-Christ a voulu naître dans la pauvreté. Notre orgueil nous inspirait de l'horreur pour les moindres outrages. Il a enduré patiemment les plus horribles. Nous nous révoltons contre l'injure ; Il a souffert l'injustice jusqu'à la mort. La douleur nous est insupportable. Il a été déchiré de verges, percé de clous et d'épines. Les hommes fuient la mort. Il l'a volontairement embrassée. Rien n'était plus infâme que le supplice de la croix : c'est celui qu'Il a choisi. Enfin, en se privant de tous les biens dont l'amour nous perd, en s'exposant à tous les maux dont la crainte nous éloigne de la vertu, Il a mis les uns et les autres sous ses pieds. Il n'y a donc rien, dans la vie de l'Homme-Dieu, qui ne nous soit une salutaire leçon, et nous y trouvons un code de morale très complet. »

Non seulement ses traités et ses sermons, mais ses lettres, ses démarches en un mot, toutes ses actions tendaient à la défense de la foi et au triomphe de la vérité. Sa correspondance envoyait au loin de pieux conseils, et dirigeait les âmes dans le chemin de la perfection.

Les hommes serviraient mieux le Seigneur, s'ils pensaient davantage à son amour pour eux. Aussi revenait-il bien des fois sur les prodiges opérés en notre faveur par la divine miséricorde.

Il conseillait souvent à ses diocésains de rentrer en eux-mêmes pour s'y entretenir avec le Seigneur. « Fuis pour un peu de temps, dit-il au chrétien, fuis tes vaines occupations ; dérobe-toi aux égarements importuns de ton esprit ; prends le loisir de penser à Dieu, et de te reposer en lui ; entre dans le cabinet de ton cœur, chasse tout ce qui s'y trouve, à la réserve de ton Créateur et de ce qui peut t'aider à t'unir à lui ; puis, la porte étant fermée, adresses à Jésus-Christ ces paroles : « Aimable Sauveur, je cherche votre face, et toujours je la chercherai. Enseignez donc mon pauvre cœur, montrez-lui où et comment il pourra vous trouver. Vous êtes partout, d'où vient que je ne vous y vois pas présent ? »

Il rappelait avec complaisance, dans ses entretiens, une parole de saint Ambroise à son lit de mort, comme les chrétiens en pleurs demandaient au malade de prier pour la prolongation de sa vie, le grand archevêque répondit :

« Je n'ai pas vécu de telle sorte que j'aie honte de

TUNIS. — LA GOULETTE.

rester au milieu de vous ; mais je ne crains pas de mourir, parce que nous avons un bon Maître. »

Ses lettres pastorales ne s'arrêtaient pas aux limites de son diocèse ; elles propagèrent les saines doctrines dans toute l'Afrique, empressée à multiplier et a répandre les copies de ce qu'écrivait le grand docteur.

« Mes frères, disait-il, retenez toutes les prescriptions, pour les pratiquer et les enseigner avec une entière douceur. On parvient à persuader, quand on montre par ses œuvres la possibilité de ce que l'on conseille. Aimez les hommes et tuez les erreurs. Ne pensez à ceux qui vous font de la peine que pour leur pardonner. Voyez en eux Dieu qui s'en sert pour vous faire pratiquer la patience et l'humilité. Attachez-vous à la vérité sans orgueil ; combattez pour elle sans violence. Priez pour ceux que vous reprenez, afin de les attirer et de les convaincre. »

À ses yeux, la gloire d'un évêque est de subvenir aux besoins des pauvres ; aussi partageait-il entre eux et sa communauté les revenus de son siège. Enflammé d'un ardent amour pour Dieu, il aimait en Lui toutes les âmes, spécialement celles qui étaient souffrantes ou délaissées. Il pleurait avec les affligés ; souvent son auditoire versait des larmes en recueillant les paroles qui s'échappaient de son cœur ; mais il ne voulait pas d'un attendrissement stérile, il fallait que l'émotion des fidèles se traduisit en aumônes ou en d'autres bonnes œuvres. Il leur conseillait avec saint Pierre d'assister le pauvre de la main et du cœur ; il leur recommandait de le regarder comme un enfant de plus ; il répétait souvent que le superflu du riche est le patrimoine de l'indigent.

« Je ne veux pas être sauvé, disait-il, non, je ne veux pas être sauvé sans mon peuple ! Puissé-je, occupant une des dernières places dans le ciel, m'y voir entouré de tous mes enfants ? Que dois-je désirer ? Pourquoi suis-je évêque ? Pourquoi suis-je au monde, sinon pour vivre en Jésus-Christ, mais pour y vivre avec vous, mes chers diocésains ? C'est là ma passion, mon honneur, ma gloire et mon trésor. »

Son lit, sa chambre, son mobilier, sa table se rapprochaient beaucoup de ceux des indigents : il s'imposait par vertu ce que les pauvres devaient subir par nécessité.

Il se nourrissait ordinairement d'herbes ou d'autres légumes, et buvait un peu de vin, pour soutenir sa frêle santé. Il ne mangeait de la viande que s'il recevait des étrangers ou des malades.

Il avait fait graver dans la salle à manger, sur sa table de marbre qu'aucun linge ne couvrait, le distique suivant :

Quisquis amet dictis absentum rodere vitam, hanc mensam vetitam noverit esse sibi (1).

Ses vêtements ressemblaient à ceux de ses clercs les plus dénués. Quand on lui apportait de riches habits, il les refusait en disant :

— Ils pourraient être bons pour un évêque ; mais ils sont trop beaux pour Augustin, pauvre et fils de pauvres.

Dans une autre circonstance, il répondit :

— Un habit précieux me ferait rougir : il ne convient ni à mon état religieux, ni à mon corps cassé de vieillesse, ni à mes cheveux blancs.

Cependant il fit une exception à sa règle. Une jeune fille avait brodé une tunique pour son frère, prêtre à Hippone, et s'était réjouie de la lui apporter. Celui-ci tomba malade et mourut avant de pouvoir s'en servir. La sœur désolée supplia le saint évêque d'accepter l'ouvrage de ses mains, et comme il vit que ce serait une consolation pour une vive douleur, il consentit à porter le beau vêtement, nous apprenant, par cet exemple, à placer la condescendance et le soulagement du prochain avant la pratique extérieure de la pauvreté. Il écrivit une lettre à la pauvre sœur pour lui conseiller de puiser des consolations dans les ensei-

(1) Quiconque aime à critiquer la conduite des absents doit savoir que cette table lui est interdite.

gnements de la foi. Depuis quatorze siècles, cette lettre instruit et soulage ceux qui la lisent dans la douleur.

Pénétré du prix du temps, il n'en laissait pas perdre la moindre parcelle, et il ne se permettait aucune parole inutile. Il disait avec saint Paul : « Faisons le bien, tandis que nous en avons le loisir. Combien ne devons-nous pas apprécier la valeur des jours qui nous sont accordés! Chaque instant bien employé peut nous valoir un nouveau degré de gloire et de félicité dans le ciel. »

Sa pureté était si délicate qu'elle lui inspirait d'excessives réserves. C'est ainsi qu'il ne voulait recevoir aucune femme chez lui, pas même sa sœur, ni ses nièces. Il prévoyait que s'il faisait des exceptions, de nombreuses âmes voudraient les obtenir ; et le souvenir de ses fautes passées le décidait à une interdiction absolue dans sa demeure.

Au milieu des louanges dont il était parfois comblé, il s'affligeait et disait :

— Vous ne connaissez pas Augustin!

Ce fut pour se faire connaître et s'humilier qu'il publia ses *Confessions*.

Il recommandait souvent à son clergé d'avoir un grand zèle pour le saint ministère de la parole. Personne ne travaillait avec autant d'ardeur au retour des brebis égarées. Il ne cessait d'écrire, de prêcher, de courir à leur poursuite, pour les ramener au bercail.

Quand les Conciles se réunissaient, il y occupait une place éminente. Il disait à ses vénérables collègues :

— Il n'est pas nécessaire que nous soyons évêques ; mais il est nécessaire que nous sauvions notre peuple, dussions-nous souffrir et mourir pour lui !

Les prélats donatistes étaient nombreux de son temps : beaucoup se convertirent aux accents de sa foi.

Plusieurs années avant sa mort, conformément à la discipline ecclésiastique, en vigueur de son temps, saint Augustin désigna son successeur sur le siège d'Hippone, avec le consentement du clergé et du peuple, convoqués dans l'église de la Paix. Deux évêques, sept prêtres, et les notaires publics chargés de rédiger le procès-verbal, se trouvaient dans l'assemblée.

— Je vous ai convoqués en plus grand nombre, leur dit Augustin, pour une importante communication. Nous sommes mortels, et notre dernier jour est incertain. Cependant l'enfance espère arriver à la jeunesse, la jeunesse à l'âge mûr, que lui-même compte parvenir à la vieillesse ; mais le vieillard n'a plus rien à espérer ici-bas. Dieu a voulu que je vinsse à vous dans la vigueur de l'âge ; depuis cette époque, j'ai vieilli. Je sais qu'à la mort des évêques les églises sont parfois troublées par des ambitieux. Pour éviter ce malheur à notre diocèse, je viens vous faire connaître ma volonté que je crois être celle de Dieu : je nomme pour mon successeur le prêtre Héraclius.

Le peuple répondit bien des fois :

— Grâces en soient rendues à Dieu ! Gloire à Jésus-Christ ! Vive Augustin, notre père et notre évêque !

Quand le silence fut rétabli, Augustin ajouta :

— Je n'ai pas besoin de faire son éloge, j'aime sa sagesse et je tiens à ne pas blesser sa modestie. Je sais que vous le voulez comme moi, et si je l'ignorais, vous me l'apprendriez par vos acclamations. Que Dieu, qui me l'a envoyé, le conserve, et qu'après avoir fait la joie de ma vie, il me succède après ma mort ! Comme vous le voyez, les notaires prennent note de mes paroles et de votre chaleureuse adhésion. Nous accomplissons donc un acte ecclésiastique, et je veux qu'il soit confirmé.

De nouveaux applaudissements accueillirent ces dernières paroles.

Malgré tant de travaux et d'austérités, le grand évêque parvint à une vieillesse assez avancée. Cependant les malheurs de sa patrie abrégèrent ses dernières années. Les barbares depuis longtemps ravageaient l'Empire.

Ils se jetèrent tout à coup sur l'Afrique. Après le

pillage, après la destruction de presque toutes les autres
villes du pays, ils vinrent assiéger Hippone, où s'étaient

réfugiés grand nombre d'évêques avec leur clergé.
Augustin employa tout ce qui lui restait de force à

soulager ses vénérables hôtes ainsi que ses chers diocésains. Son industrieuse charité fit encore des prodiges.
Il ne cessa pas d'agir, de travailler, de prêcher jusqu'à
sa dernière maladie. Quoiqu'il eût soixante-seize ans,
ni son esprit, ni sa raison, ni sa mémoire, ni sa vue,
ni son ouïe n'avaient encore faibli. Sa douceur, sa bonté,
l'habitude de se renoncer, de travailler, de se sacrifier
ajoutaient à l'influence de sa parole, et à l'ascendant de
sa haute dignité.

Un jour, profondément affligé pour sa patrie de la
prolongation des maux qui s'aggravaient en se continuant, il dit aux évêques :

— Mes frères et mes pères prions ensemble, afin
que les malheurs cessent, ou que Dieu daigne me retirer
de ce monde !

Quelques temps après, il fut saisi d'une fièvre
violente, et on eût la douleur de voir que l'heure de son
départ approchait. Il employa ses derniers jours à
composer, pour les évêques d'Afrique, une lettre dans
laquelle il les exhortait à consoler les fidèles, à leur
montrer comment les chrétiens savent souffrir, et
comment, s'il le faut, les pasteurs donnent leur vie,
pour les troupeaux confiés à leur sollicitude.

Dès que les habitants d'Hippone le surent en danger
ils voulurent voir une dernière fois le saint qui leur
avait fait tant de bien ! Les mères vinrent demander

une bénédiction pour leurs enfants, les malades du soulagement pour leurs souffrances.

Augustin les reçut tous avec une affectueuse tendresse ! La bonté brillait dans ses regards, tempérait le feu de son génie et adoucissait l'austérité de ses traits. Un père vint lui demander la guérison de son jeune fils. Il répondit :

— Je n'ai pas le don miracles.

Mais comme le père insistait, il imposa les mains sur la tête de l'enfant, se mit à prier avec beaucoup de ferveur, et l'enfant recouvra la santé.

Augustin avait souvent donné aux fidèles le conseil d'accomplir quelque acte de pénitence avant de sortir de ce monde. Désireux de se conformer à cette pieuse pratique, il fit transcrire sur des bandes d'étoffe et appliquer aux murs de sa chambre des psaumes de David, afin que, de son lit, il pût les relire en pleurant ses péchés.

A l'heure suprême, les évêques, les prêtres, les disciples l'entouraient, l'aidaient de leurs supplications, souvent étouffées par leurs sanglots. Il priait avec eux, et quand sa bouche se tut, son âme montait au ciel (28 août 430).

Pauvre volontaire, Augustin n'avait pas eu à faire de testament, pour disposer de biens dont il s'était entièrement dépouillé. Ses ornements restèrent entre les mains du prêtre, chargé de la maison épiscopale. Ses ouvrages et sa bibliothèque furent donnés à l'église d'Hippone.

Les fidèles restèrent plongés dans une douleur d'autant plus vive que l'Afrique perdait en lui sa lumière, et le Catholicisme l'un de ses plus grands docteurs.

Ses reliques, déposées dans l'église Saint-Étienne, furent transportées en Sardaigne par saint Fulgence (482) (1) qui voulut soustraire ce trésor aux profanations des Vandales. Deux siècles plus tard il tombait au pouvoir des Sarrasins devenus maîtres de l'île. En 710, Luitprand les rachetait, et les déposait avec honneur dans l'église de Saint-Pierre, à Pavie. Là, comme en Sardaigne, des miracles s'accomplirent, grâce à l'intercession du saint.

Vers le milieu du xive siècle, les religieux, observavateurs de sa règle, lui élevèrent, dans la cathédrale de Pavie, un magnifique monument en marbre. Sa remarquable statue le représente en habits pontificaux.

La ville d'Hippone a été détruite par les barbares. Bône est sortie de ses débris; il ne reste de l'antique cité que des monceaux de ruines! On n'a rien conservé de la basilique de la Paix, dans laquelle saint Augustin avait parlé pendant plus de trente ans!

---

(1) Fulgence, issu d'une famille sénatoriale de Carthage fut surnommé l'*Augustin* de son temps, à cause de la grâce persuasive de ses traités.

A deux kilomètres de Bône, au penchant d'un mamelon, sur le terrain autrefois occupé par les rues si souvent parcourues par saint Augustin, dans un paysage d'une ravissante beauté, au milieu des aloès, des cactus, des myrtes et des oliviers, s'élève un monument, béni par les évêques de France, en 1842. C'est un autel de marbre blanc, placé sur un socle circulaire à deux gradins, entouré d'une grille de fer, surmontée d'une statue de bronze, qui représente l'illustre docteur, regardant la France, et la place où fut autrefois la ville d'Hippone.

Une insigne relique du saint venait d'être accordée à l'Afrique par le Souverain Pontife Grégoire XVI. Mgr Dupuch, évêque d'Alger, qui l'avait sollicitée, s'était rendu à Pavie pour la recevoir. A Milan, dans les autres villes d'Italie, où le prélat avait pu s'arrêter, et à Toulon, elle avait été entourée d'hommages et de prières. Un concours immense de fidèles avait manifesté son enthousiasme par des illuminations, des arcs de triomphe et des chants magnifiques. Quand elle aborda aux rivages d'Hippone, elle fut accueillie par des salves d'artillerie, par les acclamations d'une foule innombrable; puis, elle fut portée en triomphe dans le monument érigé par le clergé français.

CHAPITRE IV

Deux ans avant le départ de saint Augustin pour la vraie vie, en 428, le comte Boniface, gouverneur de l'Afrique, s'était révolté contre son jeune empereur Valentinien et avait appelé en Afrique les Vandales, alors maîtres de l'Espagne, sous le commandement de

Genséric. Mais il connaissait mal celui dont il demandait l'assistance. Il avait appelé un dominateur et non un allié. Ramené au devoir par saint Augustin, Boniface essaya d'employer la persuasion, puis il eut recours à la force pour obtenir la retraite de son redoutable auxiliaire. Toutes ses tentatives furent vaines. Après avoir épuisé la voie des négociations il en vint aux armes, livra bataille, et fut vaincu, emportant dans sa retraite la douleur et la honte d'avoir, par la trahison, privé sa patrie d'une de ses plus belles provinces.

Aussi, quand le grand évêque d'Hippone sortait de ce monde, après quarante année d'austérités, de labeurs incessants et de luttes fécondes, l'Afrique succombait sous les coups de la barbarie; la puissance romaine expirait dans cette contrée, et la civilisation commençait à entrer dans une agonie presque séculaire, triste prélude d'une complète disparition qui devait durer quatorze cents ans.

Des catholiques se scandalisaient du triomphe des païens et des ariens; mais Salvien leur répondait dans son traité sur la Providence :

« Nous n'avons pas le droit de nous plaindre : nous avons le bonheur de posséder la vérité, et de porter un titre saint, mais ces deux avantages ne font qu'aggraver notre péché; notre loi est excellente, et notre conduite est mauvaise; nous sommes d'autant plus coupables

que notre loi est meilleure. Notre foi nous condamne :
nous nous vantons de connaître Dieu, et nous foulons

aux pieds ses commandements. On ne peut pas trans-
gresser la loi si l'on l'ignore ; du côté des idolâtres est
l'ignorance, du nôtre est la transgression. La faute

n'est pas commise par celui qui ne sait pas la loi. Le coupable, c'est celui qui, la connaissant, la méprise. Quant aux hérétiques, fidèles à leurs croyances, ils prient, ils observent les préceptes enseignés par leurs évêques et leurs prêtres, ils croient posséder la vérité, ils se trompent, mais ils ont des intentions droites. »

Les nouveaux maîtres de l'Afrique étaient animés d'une haine implacable contre les catholiques ; aussi se hâtèrent-ils d'allumer le feu de la persécution. Ni les confesseurs de la foi, ni les martyrs ne firent défaut. Entre bien d'autres, l'histoire cite quatre frères, réduits en captivité pour avoir refusé d'apostasier. Ils furent envoyés à un roi maure, païen comme son peuple. Par leurs paroles, par leurs exemples, ils convertirent au catholicisme grand nombre d'infidèles. Mais quand Genséric fut informé de leurs conquêtes, il devint furieux, résolut de leur infliger un redoutable supplice et il les fit attacher, par les pieds, à des chariots qui, lancés à travers les ronces et les épines, brisèrent leurs membres et réduisirent leurs chairs en lambeaux.

Les martyrs, pleins de patience, s'encourageaient quand ils se rencontraient, en disant :

« Mon frère, priez pour moi ; Dieu nous a exaucés, car c'est ainsi qu'on arrive au royaume des cieux. »

Après leur mort, les témoins de leur héroïque

constance, les invoquèrent avec confiance et obtinrent des miracles.

Hunéric, fils de Genséric (477), se montra d'abord moins hostile que son père aux catholiques. Il permit aux fidèles venus à Carthage, de s'assembler pour élire un évêque; ils en étaient privés depuis un quart de siècle. Ils nommèrent à l'unanimité saint Eugène déjà vénéré pour sa science et ses éminentes vertus. Il se privait du nécessaire, et savait attirer d'immenses aumônes pour les indigents. Quand on lui demandait d'être moins mortifié, et de soigner davantage sa santé; il avait coutume de répondre :

« Le bon Pasteur donne sa vie pour ses brebis; dois-je m'inquiéter de ce qui concerne mon corps? »

La tolérancee du nouveau souverain ne fut pas de longue durée. Bientôt il leva le masque, et commença par défendre de recevoir dans les églises les Vandales catholiques. L'évêque répondit au tyran que la maison de Dieu resterait toujours ouverte à ceux qui voudraient venir y prier. Alors Hunéric, dans sa colère, fit aposter des séides à la porte des sanctuaires.

Dès qu'ils voyaient entrer quelqu'un portant le costume de leur nation, ils enroulaient ses cheveux dans un bâton dentelé, et les soulevaient en arrachant leur chevelure avec la peau. Plusieurs perdirent la vue; d'autres moururent. Quant à ceux qui survécurent,

-la police les promena dans la ville, pour faire connaître au peuple le sort réservé aux martyrs, décidés à placer, avant tout, l'obéissance à la loi de Dieu.

Ce spectacle ne répandant pas la terreur, comme le despote l'avait espéré, il eut recours à des procédés moins barbares. Il éloigna les catholiques de tous les emplois civils, les dépouilla de leurs biens, les exila, ou condamna aux plus rudes travaux des champs ceux que leur faible santé et leur éducation n'avaient pas préparé à de tels labeurs.

Cinq mille hommes, prêtres et laïques, furent bannis en masse et conduits au désert. Quand ils partirent, sous escorte comme des criminels, ils se virent entourés d'hommages. La foule se précipitait sur le passage du cortège avec des cierges pour honorer les confesseurs de la foi; et eux, arrachés à leur famille, à leurs plus chères affections, à leur patrie, s'en allaient en chantant des cantiques et en priant pour leurs bourreaux. Les mères, s'adressant aux membres du clergé, s'écriaient :

« Pourquoi courez-vous au martyr? A qui pourrons-nous aller désormais? Qui baptisera nos enfants et les préparera à la première communion? Qui nous gardera dans la vie, nous remettra nos fautes, nous fortifiera aux approches de la mort? Pourquoi ne nous est-il pas donné de partir avec vous? »

Hunéric avait juré la destruction du catholicisme en Afrique. Il inventa de nouvelles tortures pour atteindre son but et la persécution prit des proportions inouïes.

Au milieu des supplices, nous voyons, entre autres, une femme, dont le nom nous apparaît entouré d'une lumineuse auréole ; c'est la vaillante Denise. Cette mère de famille acceptait d'affreux tourments avec un calme surhumain. Elle usait de son influence pour assurer la persévérance d'une foule d'âmes. Battue de verges, perdant son sang par tous ses membres, elle disait à son fils unique, jeune encore, et tremblant à l'aspect du martyre :

« Souviens-toi que nous avons été baptisés, au nom de la sainte Trinité, par l'Église catholique notre mère. La seule peine vraiment redoutable est celle qui ne finit pas ; la vie souverainement désirable est celle qui dure toujours. »

Soutenu par sa mère, l'enfant souffrit avec courage et mourut saintement. Denise survécut aux tourments. Rendue à la liberté, elle remercia publiquement le Seigneur d'avoir donné le ciel à son fils chéri ; puis, elle prit son corps inanimé, l'embrassa tendrement et l'emporta dans sa maison, afin de prier chaque jour près des saintes reliques, jusqu'à l'heure bénie où elle aurait la joie d'aller revoir son enfant pour n'en être plus séparée.

Malgré la résistance héroïque opposée par les fidèles, le cruel tyran aspirait toujours au triomphe de l'arianisme. Il y eut à Carthage une assemblée de l'épiscopat catholique, elle opposa une fermeté invincible aux criminelles volontés du despote. La conférence se composait de quatre cent cinquante-cinq évêques africains ; quatre-vingt-huit furent martyrisés ; les autres furent condamnés à l'exil. Le gouverneur de la cité, fortifié par l'exemple de ces courageux prélats, sacrifie d'immenses richesses pour rester fidèle à la vérité. Tout le clergé de cette capitale, c'est-à-dire plus de cinq cents prêtres, furent torturés et bannis ; les enfants de chœur eux-mêmes durent partir pour la terre étrangère.

Douze d'entre eux furent retenus par les Ariens, à cause de leur belle voix, mais, pour les séparer des martyrs, il fallut employer la force ; et quand on voulut leur faire chanter les prières des hérétiques, on ne put pas obtenir d'eux la moindre faiblesse. Ni les promesses, ni les menaces, ne parvinrent à les ébranler. Aussi, après la persécution, les habitants de Carthage les honorèrent comme des confesseurs de la foi. Ils demeuraient sous le même toit, et chantaient ensemble, de leurs voix mélodieuses, les plus beaux cantiques.

Après tant de cruautés, que l'histoire relate en frémissant, les châtiments s'appesantirent sur leurs bour-

reaux. La sécheresse, puis la famine et la peste déso-
lèrent l'Afrique. La faux de la mort moissonna partout,
et fit d'innombrables victimes. Les cadavres jonchaient
les rues, les places, les villes et les campagnes !

Hunéric lui-même, la conscience bourrelée par le
souvenir sanglant de quarante mille martyrs, mourut
dans des souffrances inouïes, le corps rongé par les
vers, et les chairs tombant en lambeaux !

Sous le pouvoir de Contamond, son successeur, les
catholiques respirent ; les églises sont rendues à la
religion, les évêques reviennent de l'exil. Mais ce
prince ne règne que dix ans, et après lui son frère
Thrasimond, ouvrant de nouveau l'ère des persécutions, fait transporter en Sardaigne plus de deux cents
prélats.

Hildéric, fils de Trasimond, secrètement favorable à
la vérité, trop faible pour la défendre ouvertement,
reste partagé entre sa conscience et son intérêt mal
entendu. Il ne sait ni donner la liberté aux catholiques,
ni se concilier les sympathies des ariens ; il est détroné
par Gélimer, son héritier présomptif.

Alors Justinien, empereur d'Orient, envoie 20,000
hommes de troupes aguerries au secours d'Hildéric son
allié. Ce roi, ayant été assassiné par l'usurpateur,
Justinien saisit cette occasion pour abattre la puissance
des Vandales en Afrique. Le célèbre général Bélisaire,

chargé par l'empereur de combattre Gélimer, prend, sans coup férir, Carthage démantelée. Il est accueilli avec enthousiasme par les habitants, qui se hâtent d'illuminer les maisons pour fêter leur délivrance. En 504, il triomphe du farouche usurpateur à la sanglante bataille de Tricameron, s'empare de sa personne, l'envoie finir ses jours en Galatée, et il expulse définitivement les Vandales de cette terre d'Afrique, où ils avaient accumulé tant de ruines.

Le pays, devenu province de l'empire d'Orient, semblait appelé à de meilleurs destinées. La paix, rendue à l'Église, permettait aux évêques qui avaient échappé à tant de désastres de revoir leur patrie, de se réunir à Carthage, et de pourvoir aux plus pressants besoins de leurs diocèses. Il y eut une époque d'apaisement et de consolation. Des milliers d'hérétiques embrassèrent la vraie foi; des milliers de catholiques furent instruits, éclairés et fortifiés, mais hélas ! cette période fut de courte durée. Le pouvoir nouveau ne sut pas se faire aimer : il se rendit méprisable. La cupidité de ses administrateurs excita le mécontentement, puis le soulèvement des indigènes et les révoltes de l'armée. Le désordre régnait partout. Les mœurs, flétries par l'hérésie, étaient perdues, et tout se préparait pour le succès de farouches conquérants qui allaient infliger à l'Afrique les ravages d'une très longue barbarie.

Ces nouveaux dominateurs s'appelaient les Arabes. Ils étaient énergiques dans leur petite taille, maigres, basains, impressionnables, nomades, toujours enclins au pillage, amateurs des sciences naturelles. Ils ve-

.MAHOMET

naient de l'Asie occidentale avec le dessein d'envahir le monde. Pour comprendre leur passion désordonnée de conquête, il faut se faire une idée de la religion qu'ils venaient d'embrasser.

Mahomet, né à la Mecque vers 610, s'était donné la mission de réformer les idées religieuses de son pays. A cinq ans, il avait perdu son père et avait été élevé près de son oncle, prince de sa ville natale. Il s'en était éloigné vers l'âge de quatorze ans, pour aller faire la guerre en Syrie, était revenu à la Mecque à vingt-cinq ans, y avait épousé une riche veuve, et s'était voué, après son mariage, à quinze années d'études. C'est durant cette période de retraite que son ardente imagination avait formé le projet de changer les croyances de ses compatriotes. Il voulut abolir le culte des idoles, du soleil, de la lune, des étoiles, que le peuple arabe avait coutume d'adorer. Il emprunta aux Saintes Écritures plusieurs dogmes; l'unité de Dieu, l'immortalité de l'âme, le jugement dernier ; il y ajouta *le fatalisme*, ou la prétendue nécessité de subir les événements, sans que la volonté et la conduite de l'homme puisent les modifier. Ce système, qui ne supporte pas un sérieux examen, ne saurait s'accorder avec le libre arbitre et la justice divine : mais Mahomet s'en servit comme d'un auxiliaire, à l'esprit de conquête qu'il voulait inculquer à ses néophytes, en leur inspirant le mépris de la mort.

Il leur prescrivit la prière fréquente, le jeûne, l'aumône, les ablutions spécialement utiles dans les climats chauds, l'offrande des sacrifices en certaines circonstances, l'abstinence du vin et de toute liqueur fermentée ; il leur promit, après la mort, une autre vie comblée de jouissances sensuelles. Il autorisa la polygamie et permit quatre femmes légitimes. En résumé, tandis que le christianisme descendu du ciel ennoblit l'homme, le purifie, lui ouvre la voie du progrès intellectuel et moral, le mahométisme, inventé par un ambitieux, détruit la famille, abrutit la nature humaine et donne un libre cours à ses plus honteuses passions. Il autorise ce que l'Évangile condamne, satisfait les passions des populations vagabondes, fières, rapaces, dont il est entouré, leur promettant la conquête, le butin, l'empire, et, après cette vie, un paradis fait pour séduire des natures avides de plaisirs grossiers.

Mahomet prétendait que l'archange Gabriel lui apparaissait et lui dictait les préceptes à enseigner aux hommes. Cependant ses idées rencontrèrent d'abord à la Mecque une vive opposition qui le décida bien vite à sortir de cette ville. Il se dirigea vers Yatreb, s'y présenta comme un prophète envoyé de Dieu, reçut bon accueil ; enhardi par le succès, il ordonna à ses adeptes de propager sa religion par la force, de la prêcher, les armes à la main, et de mettre à mort ceux qui ne voudraient pas l'embrasser. Il donna lui-même l'exemple de cette cruelle propagande, soumit plusieurs tribus à ses lois, et s'empara de la Mecque dont il renversa les idoles. Il allait continuer le cours de ses exploits, quand il mourut à Médine, à peine âgé de soixante-deux ans, prescrivant à ses capitaines de poursuivre en Orient leur marche triomphante et dévastatrice.

Fidèles exécuteurs des volontés de leur maître, ces fanatiques guerriers se mirent à les accomplir avec une infatigable audace. L'un d'eux, venu en Numidie (aujourd'hui province de Çonstantine) avait ruiné le pays, dès 647, et en avait emporté du butin. Un autre y pénétra en 686, s'empara de Bougie, s'avança jusque dans le grand Océan qui baigne les côtes du Maroc, et là il s'écria, dans l'élan d'un enthousiasme digne d'une meilleure cause :

— Grand Dieu, tu le vois, la mer seule m'arrête. —

Quelques années plus tard, Carthage était prise d'assaut, le pays suivait le sort de sa capitale, et l'empire d'Orient ne possédait plus en Afrique que la ville d'Hippone. Les Arabes finirent par en devenir maîtres en exploitant certaines conformités d'habitudes et de langage.

Ils persuadaient aux Maures qu'ils avaient une origine commune, que Dieu leur destinait la même mission, et ils leur firent adopter une religion commode, qui justifie les vices du cœur et assouvit les voluptés.

A la fin du viie siècle, toutes les villes d'Afrique étaient au pouvoir des Musulmans; mais il restait encore quelques églises avec leurs évêques.

Jusqu'au xive siècle, plusieurs tribus eurent le bonheur de conserver la foi chrétienne, malgré les dures persécutions qu'elles avaient à supporter. L'isolement et le défaut de secours spirituels finirent par vaincre leur constance. Les Arabes les gagnèrent au mahométisme en les empêchant de recevoir du dehors l'instruction dont elles avaient besoin.

La puissance de cette déplorable doctrine se fonda sur un monceau de ruines; elle fit égorger des millions de victimes. Les tribus conquises se divisèrent en une foule de sectes ennemies, disposées à s'exterminer réciproquement. Des haines implacables presque toujours armées, des complots, des révoltes, des guerres entre les peuples, ou des rencontres de bandits; des familles qui s'élèvent et sont promptement abaissées; des États qui naissent pour mourir en peu de temps, tel est le résumé de l'histoire d'Afrique, pendant la double période arabe et turque. Nous en épargnerons les douloureux récits à nos lecteurs. Les événements que nous passons sous silence, se reproduisent d'ailleurs sous des formes variées, à des degrés différents, chez les nations privées des incomparables lumières de l'Évangile.

Au commencement du xvie siècle, les Maures, expulsés d'Espagne, couvraient la Méditerranée de leurs pirates, harcelaient incessamment la marine marchande, ils ne laissaient aucune sécurité aux navires des chrétiens. A cette époque, le roi Ferdinand le Catholique avait un grand ministre, le cardinal Ximénès, fervent religieux de saint François d'Assise; sa foi, son courage, sa science, sa connaissance approfondie des hommes et des choses, sa haute intelligence, son profond dévouement à son pays en ont fait l'un des hommes les plus remarquables de son temps. Parvenu à une extrême vieillesse, il n'avait d'autre lit que quelques planches à peine rabotées; comme vêtement il portait l'habit de franciscain sous ses insignes de cardinal, et le rapiéçait lui-même en secret.

Ximénès s'émut de la désastreuse extension du brigandage maritime des Maures. A quatre-vingts ans, il résolut de châtier les forbans, et de réduire leur puissance, en portant la guerre sur les côtes d'Afrique.

Payant non seulement de sa bourse, mais aussi de sa personne, il part, le 14 mai 1509, à la tête d'une flotte équipée à ses frais, débarque le lendemain près d'Oran avec une petite armée de 15,000 hommes, célèbre, sur le rivage, une messe solennelle, exhorte chaleureusement les troupes à faire leur devoir, et

celles-ci lui obéissent avec un tel entrain, que le soir
même elles s'étaient emparées d'Oran. Au bout de
cinq jours, l'illustre homme d'état était de retour à
Carthagène. Il avait confié à l'amiral Pierre de Navarre
le soin d'étendre et de consolider sa conquête. Les
villes voisines, Mostaganem, Tlemcen, Tunis, etc.,
consternées en apprenant le rapide succès de l'expédition, firent leur soumission à l'Espagne, et s'enga-
gèrent à lui payer tribut. L'année suivante, l'amiral
prit Alger, et pour assurer le versement de la redevance
annuelle, il fit construire, dans le principal îlot voisin
du port, la forteresse du Pégnon, et la garnit d'artillerie (1). Mais il mourut; ses plans ne furent pas
suivis. Les vainqueurs mécontentèrent les Africains en
les traitant avec rigueur, et, après le règne de Ferdi-
dinand le Catholique, le chef des Beni Mezghana,
alors maître d'Alger, eut recours à l'assistance d'un
célèbre pirate, afin de se soustraire à la domination
espagnole. Cet homme audacieux devint, avec son
frère, le fondateur de la régence d'Alger qui devait
reculer de trois cents ans, dans cette contrée, le triomphe
de la croix sur le Coran.

L'aîné de ces frères se nommait Arroudj, et le second
s'appelait Khaïr-Eddyn ; leurs noms ont été altérés par

____

(1) De nos jours, ce fort est réuni à la ville par une chaussée construite pour briser les vagues de la mer.

les Européens qui les ont appelés l'un et l'autre Barberousse, sans que la couleur de leur barbe fut pour rien dans cette dénomination. Ce sont les pirates les plus renommés et les plus redoutables dont l'histoire ait conservé le souvenir. On les croit originaires de Lesbos, et fils d'un potier. Sujet des Turcs, Barberousse Ier s'adonna d'abord exclusivement à la piraterie, puis il devint de bonne heure un habile capitaine, toùjours prêt à s'exposer au péril quand il s'agissait de s'emparer d'un riche butin. A la tête de vingt à trente galères, secondé par d'énergiques aventuriers attirés par la promesse d'une solde élevée, il attaquait les navires chargés de marchandises, les pillait, réduisait en esclavage les hommes de l'équipage, et revenait en Afrique pour se préparer à de nouveaux exploits. Bientôt il obtint du roi de Tunis, en lui concédant le cinquième de ses prises, l'autorisation d'abriter ses vaisseaux dans l'un des ports de ce petit souverain. Aidé par son frère, il vit promptement grandir son importance, et conçut l'ambition de se créer une position indépendante. Pour atteindre ce but, il assiégea la ville de Bougie, alors occupée par les Espagnols, échoua dans deux vigoureuses tentatives, fut blessé, dut subir l'amputation d'un bras, perdit sa flotte et fut réduit à aller chercher un refuge à Djidjelli. C'est de là qu'il partit pour devenir maître d'un petit royaume.

CHARLES-QUINT

Salem, gouverneur d'Alger, désireux d'échapper à la domination espagnole, résolut d'enlever à l'Espagne la citadelle du Pégnon. Il appela Barberousse pour l'aider à l'accomplissement de son dessein. L'audacieux pirate vint à Alger, attaqua sans succès, pendant vingt jours, la citadelle qu'il s'était chargé d'emporter d'assaut; puis, se croyant assez fort pour prendre la place du gouverneur, il le fit arrêter, le pendit avec la toile de son turban, et monta sur le trône de sa victime, en se reconnaissant vassal du grand Sultan. Il commença ainsi le règne des Turcs en Algérie (1520).

L'Empire ottoman s'empressa de lui envoyer un corps de janissaires, soldats d'élite commandés par un pacha. De son côté, il fit preuve d'habileté comme administrateur, soumit certaines tribus par la force, se concilia les autres par l'or ou la trahison, imposa la suprématie absolue des Turcs sur les indigènes, frappa les Arabes de terreur, usa de rigueur envers les vaincus, se montra généreux envers ses compagnons d'armes, et il se rendit ainsi maître de la province d'Alger.

Appelé à Tlemcen par une des factions qui s'y disputaient la puissance, il jura de rendre l'autorité au prince détrôné, et entra dans la ville après avoir battu les ennemis du tyran. Mais bientôt il viole son serment, fait périr tous les princes de la famille régnante, ordonne la mort de soixante-dix principaux habitants de la cité, s'empare du pouvoir, gouverne en despote et irrite les vaincus par ses exactions.

Au bout de quelque temps, les tribus désespérées se tournent du côté de Charles-Quint, et le supplient de les délivrer de leur despote. Complètement battu par les Espagnols, Barberousse fut réduit à chercher son salut dans la fuite ; se voyant poursuivi par les vainqueurs, il voulut vendre chèrement sa vie, et il continua de frapper tant qu'il en eût la force. C'est ainsi qu'il mourut à quarante-quatre ans, redouté dans le pays comme un fléau, généralement haï par les indigènes, aimé seulement de ses compagnons qu'il récompensait avec magnificence. Cruel, rusé, il n'avait ni respect pour la justice, ni compassion pour le malheur. La longue série de ses brigandages et le souvenir de ses crimes restent attachés à sa mémoire comme des taches indélébiles.

Il eut pour successeur Barberousse II. Aussi intrépide et aussi cruel que son frère, il réussit mieux à soumettre les Arabes ; il flatta leurs préjugés et parvint à dominer leur répugnance pour un joug étranger.

Les Espagnols négligèrent de mettre à profit les premiers moments de la consternation causée par la mort de leur ennemi, et son successeur, habile à utiliser leurs lenteurs, se fit proclamer souverain d'Alger. Il obtint du sultan la confirmation de son autorité. Il parvint même à lui persuader que la prise de la citadelle du Péguon serait favorable à sa cause, et qu'Alger, tout à fait affranchie, deviendrait plus forte contre les Européens.

Vers le même temps, une violente tempête détruisait la flotte espagnole dans la rade d'Alger. Tout semblait sourire à l'ambition du forban couronné, quand une première épreuve vint lui révéler la fragilité de sa puissance. Le roi de Tunis, prenant ombrage de ses succès toujours croissants, fomenta contre Frédéric II une conspiration, et le complot devint rapidement un redoutable incendie. Abandonné par les indigènes, assiégé dans Alger, il dut s'éloigner de sa principauté, et redevint pirate.

Trois ans plus tard, il avait pu réunir des forces suffisantes pour rentrer dans sa capitale, et s'emparer de la citadelle du Péguon. Elle était alors confiée au vaillant Martin du Vargas, qui opposa la défense la plus héroïque. Sa conduite avait été si admirable que nul n'osa d'abord attenter à sa vie. Mais, l'année suivante, Barberousse II lui signifia qu'il avait à choisir entre l'apostasie et la mort. Le glorieux vaincu n'hésita pas. Après avoir donné une partie de son sang pour sa patrie, il le versa tout entier pour acquérir le ciel.

La Chrétienté s'alarmait au récit des ravages exercés par le génie malfaisant de Barberousse. Elle aurait voulu mettre des bornes à sa puissance, mais elle n'y parvenait pas à cause de ses divisions. Elle semblait avoir oublié que l'union est la condition essentielle de la force et du succès. Cependant il y eut alors un illustre capitaine qui tint, pendant quelque temps, en échec le farouche tyran d'Alger ; ce fut André Doria. Né à Gênes, d'une famille dont la gloire commença, pour ainsi dire, avec l'histoire de cette cité, il parvint à restaurer la liberté de son pays, et mérita l'érection d'une statue qui portait cette inscription : *Au Père de la Patrie.* Habile général, marin renommé, il attaqua plusieurs fois les infidèles dans la Méditerranée, défit les Turcs partout où il les rencontra, et fut l'effroi du Sultan, qui résolut de lui opposer Barberousse. Celui-ci parut à la cour de l'empereur ottoman, entouré d'un pompeux éclat. Parti d'Alger avec dix-huit galères, il exerça de tels ravages sur les côtes du littoral, qu'à son entrée dans le port de Constantinople, il se trouvait à la tête de quarante bâtiments chargés de butin.

Il fut nommé pacha, prit rang parmi les plus hauts dignitaires de l'Empire, fut placé à la tête d'une flotte formidable, se dirigea vers Tunis et s'en empara. Mais son triomphe fut de courte durée. Charles-Quint vint bientôt reprendre possession de la cité, et le pacha se hâta de se retirer en Algérie.

François Ier mal inspiré commit la faute de demander à Barberousse une assistance dont il n'obtint aucun secours efficace. Le monarque ne tarda pas à comprendre tout ce qu'un tel concours apportait d'humiliations et de périls. L'armée française se dirigea vers Nice, de concert avec ce compromettant auxiliaire. La ville fut prise, mais la citadelle ne put être forcée, et Barberousse, revenu en Provence, s'y conduisit en conquérant plutôt qu'en allié. Il se mit à piller, à ravager comme en pays ennemi, et il en vint à interdire aux églises de Toulon l'usage de leurs cloches, comme si sa présence en avait fait une ville musulmane. Il fallut acheter son départ, comme on avait payé sa venue.

Ni ses richesses, ni son faste, ni son audace, ni ses succès parfois surprenants, ne lui donnèrent le bonheur. Il le cherchait partout, excepté là où il existe, il le demandait au luxe, au plaisir, à la satisfaction de ses convoitises, il ne trouvait que la satiété, le dégoût et le remords. Il méditait à Constantinople de nouvelles expéditions contre les chrétiens, quand la mort le frappant à l'âge de quatre-vingts ans, le fit comparaître au jugement du Souverain Juge (1545).

Puissant par le caractère, l'intelligence, le courage, il était insolent, railleur, perdu de mœurs, implacable dans sa haine et insatiable dans son ambition. Second fondateur de la puissance de l'Algérie, qui fut encore pendant trois siècles le fléau de la Méditerranée, il fit de la piraterie une sorte de souveraineté, et s'efforça d'ériger le pillage en loi politique! Il a laissé parmi les musulmans une mémoire renommée; mais l'histoire impartiale déplore une célébrité conquise au mépris de la morale. Elle stigmatise une longue carrière, consacrée à la glorification du vice et au triomphe de l'iniquité.

Après la mort de Barberousse II le sultan nomma les pachas, chargés de gouverner l'Algérie. En 1600, les janissaires du pays obtinrent le pouvoir de choisir eux-mêmes leur chef; il fut nommé dey, c'est-à-dire oncle ou protecteur. En 1710, le dey, qui disposait de la force armée, devint le maître absolu de la régence d'Alger, et la puissance ottomane ne fut plus guère que nominale.

Le pouvoir tyrannique du dey subissait l'odieux contrôle des complots et de l'assassinat. S'il faisait trembler ses sujets, il tremblait à son tour devant ses janissaires qui s'arrogeaient sur leur chef le droit absolu de vie et de mort. Un jour, dans un accès de folie furieuse, ils allèrent jusqu'à nommer successivement six deys, et à les assassiner. Pour avoir quelques chances de durée, le dey devait être redouté, sans inspirer la haine, réprimer avec vigueur les révoltes

CONSTANTINOPLE

sans se montrer cruel, réussir dans ses entreprises, et ne pas éprouver de revers ; car, aux yeux de cette milice barbare, la défaite était un crime digne de mort.

La piraterie exercée sur une vaste échelle, le brigandage permanent, réglementé, devient la grande industrie des Algériens, elle remplace chez eux le commerce, le travail et l'industrie. L'un des attributs les plus importants du dey consiste à préparer, à diriger les expéditions qui partent d'Alger pour aller piller les bâtiments marchands et rançonner le littoral de la Méditerranée. A leur rentrée dans le port, le butin est vendu et le produit se partage entre les pirates, le dey, les janissaires, l'entretien des vaisseaux.

La rapine et le brigandage maritime procurèrent à la ville d'Alger des richesses considérables ; ils y accumulèrent non seulement des marchandises importantes, mais aussi de nombreux esclaves chrétiens, précieux aux infidèles par leur travail, et pour le prix de leur rachat.

Pendant les trois siècles de la domination turque, l'histoire de l'Algérie présente une monotone et douloureuse série d'injustices, d'oppressions, de révoltes comprimées et renaissantes. La piraterie, organisée sur mer, se perpétue en face des Français, des Espagnols, des Portugais et des Italiens. Ces diverses nations subissent le fléau, négligent d'unir leurs efforts et de combiner leurs expéditions, pour en assurer le succès. Dans l'intérieur du pays les mahométans ne laissent aux indigènes catholiques que de rares sanctuaires sans cesse menacés. Cependant, sur cette terre si souvent abreuvée du sang des martyrs, il existe toujours de fidèles observateurs de la loi divine, et de vaillants champions de la vérité.

CHAPITRE V

Malgré les prodiges de valeur des héroïques cheva-
liers de Malte, dont l'Ordre à la fois religieux et militaire s'était voué à la défense et au soulagement des
catholiques, chaque année les forbans de l'Algérie
réduisaient en esclavage un grand nombre de fidèles
de toute nation, de tout âge, de tout sexe et de tout
rang. Emmenés dans les différents ports d'Afrique, ils
étaient vendus, ou réservés aux travaux de l'État ; s'ils

appartenaient à des familles riches, ils subissaient d'horribles traitements; les maîtres rendaient leur position intolérable, afin d'obtenir pour leur rançon un prix plus élevé; s'ils étaient pauvres et vigoureux, les infidèles tiraient grand parti de leurs forces et leur accordaient une situation plus supportable. Les esclaves européens, employés au service du dey, ou aux travaux de l'État, étaient encore les plus malheureux de tous, plus maltraités pour leur nourriture et leur abri, ils subissaient des conditions plus dures pour leur rachat. Les uns et les autres formaient une foule très nombreuse. Les auteurs les mieux informés évaluent à trente mille le chiffre des esclaves chrétiens répandus dans la régence d'Alger, à l'époque de la conquête du pays par la France.

Le désir de protéger leurs nationaux décida les gouvernements européens à se faire représenter en Algérie par des consuls, afin de protéger leurs compatriotes. Le représentant de la France devint l'avocat des nations qui n'en avaient pas.

Le commerce lui était interdit. Sa maison était le refuge de tous les esclaves, quelle que fut d'ailleurs leur nationalité. Dans leurs souffrances, dans leurs douleurs, c'est là qu'ils venaient chercher secours et consolation. Aux fêtes de Noël et de Pâques, ce consul donnait un repas à tous les esclaves qui venaient le demander. Image touchante de la patrie absente, il recevait à son foyer, chaque année, aux deux plus grandes solennités de la religion, les malheureux perdus pour leur nation.

Mais le catholicisme avait devancé le bon vouloir des puissances d'ici-bas. Bien longtemps avant qu'elles n'eussent essayé de protéger leurs nationaux, le divin Maître avait inspiré à des légions de religieux l'énergique résolution de se rendre en Afrique pour soulager et racheter ceux qui gémissaient dans l'esclavage. Deux Ordres, les Trinitaires et les Pères de la Merci, se vouèrent au rachat des captifs ; l'un et l'autre furent fondés par des Français.

Les Frères de la Sainte-Trinité furent institués par Jean de Matha, né en 1160, dans la Provence, de parents qui occupaient un rang élevé, il voulut, dès sa plus tendre jeunesse, confier à la Sainte Vierge le trésor de son innocence, et placer sous son patronage le vœu de se consacrer à Dieu en servant le prochain. De bonne heure il aima les pauvres ; c'était à titre de récompense que sa mère le conduisait dans leur demeure pour les soulager. Quand l'âge des hautes études fut arrivé, il se rendit d'abord à Aix, ville renommée, dans le Midi, pour la supériorité de son enseignement ; puis à l'Université de Paris, qui était alors la première du monde.

A son arrivée dans la capitale, il reçut un accueil paternel de l'illustre évêque Maurice de Sully, des savants abbés de Sainte-Geneviève et de Saint-Victor. Il voulut s'entourer d'amis sérieusement chrétiens, et il se hâta de former avec l'Italien Lothaire, Jean l'Anglais, Guillaume l'Écossais, une sorte d'association, fondée sur le vif désir de s'édifier réciproquement. On les voyait ensemble dans les rues, sur les bancs des écoles, dans les églises, dans la visite des prisons et des hôpitaux, s'unissant pour le travail, les exercices de piété et les œuvres de miséricorde. Jean de Matha devint successivement maître ès arts, licencié et docteur. Il monta dans la chaire de Théologie, où venait de se distinguer le célèbre Pierre Lombard et vit une foule d'écoliers, avides de recueillir ses leçons faire violence à son humilité en lui décernant le titre de docteur *dominent*.

Le jour où il célébra sa première messe, il eût une vision qui lui révéla ce que le Seigneur attendait de lui. Au moment solennel de l'élévation, il aperçut un ange porté sur un nuage; son visage rayonnait de lumière, ses vêtements étaient blancs, sur sa poitrine se détachait une croix aux couleurs rouge et azur; à ses pieds deux esclaves enchaînés semblaient implorer son assistance. Jean de Matha s'empressa de révéler la mystérieuse apparition à ses supérieurs ecclésiastiques, ils

SAINT VINCENT DE PAUL

s'accordèrent dans la pensée qu'elle appelait le jeune
prêtre à la rédemption des captifs, tombés au pouvoir
des infidèles ; mais ils ne voulurent pas qu'il s'en
rapportât uniquement à leur interprétation ; ils lui con-
seillèrent d'aller consulter le Souverain Pontife.

Avant d'entreprendre le pèlerinage de Rome, Jean
eut la pensée d'aller chercher des inspirations près
d'un saint solitaire, qui vivait au milieu d'une forêt,
située à quelques lieues de Paris.

Le solitaire s'appelait Félix de Valois, son nom
indique assez sa royale origine. Une grotte pour abri,
des feuillages étendus sur la terre en guise de lit, une
source d'eau vive pour étancher sa soif, des racines,
des fruits sauvages, des herbes bouillies dans l'eau
avec un peu de pain peur soutenir son corps, quelques
haillons pour le couvrir ; voilà ce qu'il avait préféré aux
dons de la fortune et du pouvoir. Mais s'il avait mis
plus de zèle et de courage à s'en dépouiller qu'on en
apporte dans le monde pour tâcher de les acquérir, il
avait reçu, en échange, les vrais biens, ceux de l'âme,
que les voleurs ne peuvent pas dérober, et que la
rouille est impuissante à détruire. Agé de soixante-sept
ans, Félix de Valois en avait déjà passé vingt dans le
désert quand il reçut la visite de Jean de Matha. Il
approuva son dessein de racheter les esclaves, lui
promit de le seconder dans l'exécution de ce généreux

projet, et lui persuada de se préparer à cette grande
œuvre, en se livrant avec lui aux exercices de la pénitence, afin qu'ils devinssent l'un et l'autre, entre les
mains du divin Sauveur, de plus dociles instruments de
sa miséricorde.

Après trois années de prières et de mortifications,
ils partirent ensemble pour la capitale du monde chrétien. Innocent III, récemment élevé sur la chaire de
saint Pierre, avait été le condisciple et il était resté le
fidèle ami de Jean de Matha. A trente-six ans, son
érudition, son austérité, ses talents, et par-dessus
tout, ses éminentes vertus lui avaient attiré la charge
du Souverain Pontificat. Il examina mûrement le projet
des deux pèlerins ; il eût, en disant la messe, la même
apparition que celle de Jean de Matha, quand il avait
célébré pour la première fois les saints mystères et il
puisa dans ce motif surnaturel la conviction que Dieu
voulait la création du pieux institut. Il en bénit le projet
avec amour ; il remit à chacun des deux fondateurs un
habit semblable à celui sous lequel l'ange lui était
apparu, et le désigna comme le costume des religieux
Trinitaires.

Rentrés en France, Jean et Félix ne tardèrent pas à
se voir entourés de courageux coopérateurs. Leur but
est non seulement la rédemption des captifs mais aussi
le soulagement, l'assistance des esclaves malades et de

tous ceux qu'ils ne pourront pas racheter. Leur règle, fondée sur les trois vœux de pauvreté, d'obéissance et de chasteté, prescrit le jeûne, l'abstinence perpétuelle de la viande ; elle leur donne, comme aliments, des légumes avec du laitage. Elle veut une vie austère, pénitente, afin que les religieux, bien unis à Dieu, économisent sur leur entretien pour racheter un plus grand nombre de captifs. Elle ordonne le chant des offices, le recueillement, le silence en dehors du temps destiné à la récréation ; elle parvient ainsi à développer, chez les novices, l'abnégation, le renoncement et les pratiques d'une charité vraiment héroïques.

Jean de Matha, élu supérieur de l'institut naissant, choisit Rome pour y établir sa maison-mère, afin de pouvoir plus facilement puiser dans le cœur du Souverain Pontife les lumières et les inspirations. Le Pape, touché de son zèle, lui donna pour son ordre, une église avec les ressources nécessaires à la construction d'un couvent, et à celle d'un hospice destiné à recueillir les captifs les plus pauvres, après leur rachat.

Dès son premier voyage en Algérie, Jean de Matha délivre 110 esclaves, ses disciples marchent sur ses traces et bientôt l'œuvre devient populaire en Europe ; grâce à une très nombreuse confrérie, organisée par la nouvelle congrégation. Quand les captifs libérés abordaient aux rivages chrétiens, les confrères s'empressaient de les nourrir et de les loger. Ils se rendaient ensuite avec eux, en procession, à la principale église de la ville, précédés des dignitaires de la confrérie, souvent même du corps des magistrats. On entendait une messe d'actions de grâces, et on faisait une quête pour préparer de nouveaux rachats.

Les esclaves, rendus à la liberté, portaient en triomphe les chaînes dont ils avaient été chargés. Leur physionomie joyeuse, et les larmes attendries de leurs parents excitaient l'émotion et multipliaient les offrandes.

Chaque année les mêmes fêtes préparaient les délivrances de l'année suivante, et, munis des ressources nécessaires, les religieux exposaient de nouveau leur vie pour aller racheter les captifs.

Les maisons des Trinitaires se répandirent rapidement. Les peuples et les rois, les prêtres et les évêques furent pénétrés de compassion, à la pensée des prisonniers, et des religieux martyrs, les uns de leur foi, les autres de leur charité.

Le fondateur ne resta pas très longtemps à la tête de son ordre. L'excès de ses travaux, de ses austérités, de ses fatigues épuisa vite sa constitution. Cependant, à sa mort, les Trinitaires occupaient déjà cent maisons. Ils avaient racheté plus de 10,000 captifs. Le dernier jour de son pèlerinage ici-bas, Jean de

Matha put encore communier, s'entretenir avec ses religieux, rangés autour de son humble grabat, et leur parler du bonheur de mourir pour Jésus-Christ. Ils comprirent ces grands enseignements, se les transmirent de génération en génération, et surent si bien les mettre en pratique, que dans l'espace de six cents ans, et les Trinitaires parvinrent à racheter 900,000 esclaves, avec le précieux concours des Frères de la Merci.

Peu de temps après Jean de Matha, Pierre de Nolasque, né en Languedoc (1189), ancien et brillant officier français, fondait à Barcelone (1223), une congrégation placée sous le patronage de Notre-Dame de la Merci et vouée, comme les Trinitaires, au rachat des captifs ; il la gouverna pendant un quart de siècle, avec beaucoup de succès. Ces religieux rivalisaient de zèle et d'abnégation avec les religieux de Jean de Matha. Ils s'obligeaient à sacrifier leur liberté, s'il le fallait, pour délivrer les captifs.

Le catalogue des saints appartenant à ces deux ordres occupe une place notable dans les glorieuses annales de l'Église. Dieu seul sait l'éminence de leurs vertus et l'excès de leurs souffrances.

Durant les longs siècles où le Coran étendit sur l'Afrique son sceptre de fer et ses épaisses ténèbres, il multiplia les martyrs. L'un des plus héroïques fut

un Maure, baptisé sous le nom de Géronimo. Vers
1538, des cavaliers espagnols d'Oran, faisant une
sortie sur les terres de leurs voisins, avaient pris cet
enfant et l'avaient emmené avec eux dans la ville. Son
physique agréable, ses manières aimables lui avaient
attiré des soins et de l'affection. Un saint prêtre le
recueillit, lui donna l'instruction chrétienne et le bap-
tisa.

Quelques temps après, la peste ayant sévi à Oran,
la population effrayée se dispersa dans la campagne,
et vécut sous des tentes, pour échapper à la contagion.
Quelques prisonniers arabes, mal surveillés, profi-
tèrent des circonstances pour prendre la fuite; emmenant avec eux le jeune néophyte et le rendirent à ses
parents. Géronimo reprit alors le genre de vie de ses
compatriotes observa les pratiques religieuses du
Coran, et vécut ainsi jusqu'à vingt-cinq ans. A cet
âge, touché de la grâce, il revint spontanément à
Oran, afin de pouvoir observer librement la vraie religion. Le prêtre, qui l'avait si bien accueilli dans son
enfance, fut heureux de son retour, le réconcilia avec
Dieu, et lui rendit une place de choix dans sa maison.
Il arrangea son mariage avec une fille très chrétienne,
qui appartenait, comme Géronimo, à la nation Maure,
et il les traita tous les deux avec la plus affectueuse
charité. Ce bon ménage vécut dix ans dans la paix et

ALGER

la piété, ; puis, la guerre vint les séparer. Géronimo,
enrolé dans un escadron de campagne, fit partie d'une
expédition contre les Arabes très approchés des côtes ;
il fut blessé et conduit à Alger avec plusieurs de ses
compagnons. Le dey s'attribuait, nous l'avons dit, le
cinquième des prises. Géronimo lui échut en partage
et fut conduit à son bagne. Dès qu'on sut son origine
et sa piété, on le chargea de chaîne et on l'enferma
dans une prison, d'où il ne lui fut pas permis de sortir.
Promesses et menaces, tout fut employé pour obtenir
son apostasie ; mais tout échoua. Il répondait aux nombreux tentateurs dont il était assailli :

— Ne vous donnez pas tant de peine, ne vous fati-
guez pas : ce serait peine perdue, rien ne pourra me
décider au sacrifice de la vérité.

Puis, s'adressant aux compagnons de sa captivité,
il leur disait :

— Que pensent donc ces visiteurs importants ?
Auraient-ils la prétention de me rendre apostat ?
Jamais je ne consentirai à renier la foi ; devrais-je y
perdre la vie !

Quand on vit clairement l'inutilité des paroles, on en
vint aux procédés barbares. Le dey résolut que le
serviteur de Dieu périrait d'une mort cruelle. Il faisait
alors construire à Alger, hors de la porte Bab-el-Oued,
un bastion destiné à défendre un lieu de débarquement

très favorable aux assaillants. Des maçons élevaient des murailles de pisé, fait en terres très denses revêtues de mortier; le dey vint visiter les travaux, et, voyant des madriers dressés pour préparer un pan de pisé, il appela l'esclave chrétien chargé de surveiller les ouvriers :

— Michel, lui dit-il, ne remplis pas cette caisse; laisse en creux un espace vide, parce que là je veux piser vivant ce chien d'Oran, obstiné dans son refus de redevenir musulman.

Michel, affligé de ces paroles, ne put pas se soustraire à l'ordre de son maître.

Le soir, revenu au bagne avec ses compagnons d'infortune, il se hâta de raconter à Géromino ce qui s'était passé, afin qu'il put se préparer à la mort. Le condamné, sans se laisser abattre, dit alors :

— Que Dieu soit béni et loué en toutes choses! Que Notre-Seigneur, prenant mon âme en pitié, me pardonne mes péchés!

On l'entoure, on cherche à le consoler; il répond à tous qu'il se recommande à leurs prières, et que Dieu lui donnera la force de mourir pour son amour. Il se confessa à un religieux, captif comme lui, passa la nuit en prières; le lendemain matin, il entendit la messe dans la chapelle du bagne, et il puisa dans la communion l'énergie nécessaire pour affronter le martyre.

Vers neuf heures du matin, les soldats du tyran viennent le chercher, et le conduisent au fort. Le dey l'attendait entouré d'une nombreuse escorte; il formula brièvement son interrogatoire et sa sentence.

— Pourquoi, dit-il à Géronimo, ne veux-tu pas être musulman?

— Je ne le serai pour rien au monde; chrétien je suis, et chrétien je resterai.

— Eh bien, reprit-il, en montrant la caisse à pisé, si tu ne consens pas à être musulman, je t'enterrerai là vivant.

— Fais ce que tu voudras; je suis prêt à tout. Ce supplice ne me fera pas abandonner la foi en mon Seigneur Jésus-Christ.

A ces mots, le dey furieux ordonne aux bourreaux de lier ses mains, ses pieds, et de le porter dans le creux de la couche de pisé, mise en réserve le jour précédent. Alors on saute à pieds joints sur le corps de Géronimo, on le couvre de terre, on le dame à coups redoublés; on achève ainsi de remplir l'espace resté vide, et on étouffe le glorieux martyr, trop courageux et trop uni à Dieu pour exhaler la moindre plainte. (18 septembre 1569).

La pièce du pisé fut placée dans le mur du fort, et les reliques y restèrent jusqu'en 1853. A cette époque, le mur fut démoli; les ossements découverts (27 décembre) furent transportés solennellement dans l'église d'Alger. Géronimo fut déclaré vénérable, et la cause de sa canonisation s'instruisit à Rome.

En Afrique, il y eut d'autres martyrs qui préférèrent la mort à l'apostasie. Il en exista parmi les jeunes gens et jusque dans l'enfance. Leurs noms sont inscrits au livre de vie, et l'histoire de l'Église célèbre leurs louanges.

Quant à la foule si nombreuse des chrétiens réduits en esclavage, un certain nombre puisèrent dans leur douloureuse épreuve le secret d'ajouter beaucoup à leurs mérites et d'assurer leur entrée dans le ciel. Parmi ceux-là, nous ne citerons qu'un nom qu'il nous coûterait de passer sous silence, c'est celui de saint Vincent de Paul.

Pris par les pirates, quand il naviguait de Marseille à Narbonne pour retourner à Toulouse, il appartint à plusieurs maîtres. Il exerça le salutaire ascendant de sa charité partout où il passa. Son dernier propriétaire fut un renégat de Nice. L'une de ses trois femmes était Turque.

« C'est elle, dit le saint, qui servit d'instrument à la divine miséricorde pour retirer son mari de l'apostasie, le remettre au giron de l'église, et me délivrer de mon esclavage. Curieuse de savoir notre façon de vivre, elle venait me voir aux champs où je fossoyais.

Un jour elle me commanda de chanter les louanges de mon Dieu. Le souvenir du *Quomodo cantabimus in terra aliena* des enfants d'Israël, captifs à Babylone, me fit commencer, les larmes à l'œil, le psaume *Super flumina Babylonis,* puis le *Salve Regina,* et plusieurs autres choses auxquelles elle prenait tant d'intérêt, que c'était merveille. Elle ne manqua pas de dire à son mari, le soir, qu'il avait eu tort de quitter sa religion, qu'elle estimait extrêmement bonne pour un récit que je lui avais fait de notre Dieu, et quelques louanges que j'avais chantées en sa présence ; en quoi, elle disait avoir ressenti un tel plaisir, qu'elle ne croyait pas le paradis de ses pères si glorieux ni accompagné de tant de joie, que le contentement ressenti par elle pendant que je louais le Seigneur. Concluant qu'il y avait en cela quelques merveilles, cette femme fit tant par ses discours, que son mari me dit dès le lendemain, qu'à la première occasion propice nous nous sauverions en France ; il ajouta qu'il y donnerait tel remède, qu'en peu de jours Dieu en serait loué. Ce peu de jours dura dix mois, au bout desquels nous nous sauvâmes avec un petit esquif, et nous nous rendîmes à Aigues-Mortes ; puis, bientôt après, à Avignon, où M. le vice-légat reçut publiquement le renégat, avec la larme à l'œil et le sanglot dans le cœur, dans l'église Saint-Pierre, à l'honneur de Dieu et l'édification des assistants. Il a promis au pénitent de le faire entrer à l'austère couvent des *fate ben fratelli....* »

A partir de cette époque, saint Vincent qui avait partagé le sort des esclaves savait les dangers auxquels leur âme était exposée ; il pria beaucoup pour leur salut, et se promit d'y travailler si la Providence lui en ménageait l'occasion. Cette grâce lui fut accordée. Louis XIII avait obtenu du Sultan la faculté d'entretenir dans chaque ville maritime un consul avec un chapelain. Il profita de ce droit pour introduire les Lazaristes en Afrique. Julien Guérin y arriva le premier en 1645, comme aumônier du consul de Tunis. Bientôt Jean le Vacher le suivit, fut nommé vicaire apostolique, et tous deux, malgré les obstacles et les persécutions, se vouèrent, avec une admirable charité, à l'administration des sacrements et au soulagement des malades. Ils déployèrent leur zèle, non seulement à Tunis mais encore à Alger où se trouvaient alors vingt mille esclaves.

Pendant la vie de saint Vincent, sa congrégation en racheta plus de douze mille et procura plus d'un million aux chrétiens réduits en esclavage dans l'Afrique.

D'autres Lazaristes vinrent dans le pays et plusieurs moururent en soignant les pestiférés.

Le frère de Jean le Vacher était à Alger ; il y exer-çait depuis longtemps le saint ministère, quand Du-

EXPÉDITION D'ÉGYPTE

quesne, envoyé par la France pour purger la Méditerranée de ses nombreux pirates, remporta plusieurs victoires sur les Algériens, et en vint à bombarder leur ville (1682). Tout à coup on fit courir le bruit mensonger d'une entente entre le religieux et l'escadre française. Alors des barbares s'emparèrent du Lazariste, le conduisirent à l'entrée du port, l'attachèrent à un canon, y mirent le feu, et le saint prêtre termina par le martyre une vie de sacrifices. Ce qu'on put recueillir de son corps, de ses vêtements, fut conservé comme de précieuses reliques par les chrétiens, et même par les Turcs, qu'il avait assistés et charmés par ses bontés.

Pendant la campagne de l'illustre Duquesne les barbares se livrèrent, suivant leur coutume, à des actes de cruauté inouïe ; mais, au milieu de tant d'atrocités qui excitent l'indignation, un trait touchant de reconnaissance vient reposer l'esprit. Le capitaine de Choiseul, attaché à l'armée française, avait été fait prisonnier dans une ronde de nuit, et le chef des troupes algériennes l'avait condamné à être garrotté à la bouche d'un canon qu'on allait diriger contre ses compatriotes. Déjà l'ordre s'exécutait, le feu allait être mis à la pièce, quand tout à coup un chef de corsaires, dont le nom eût mérité de passer à la postérité, fend la foule et demande la vie de l'officier. Naguère il était tombé en son pouvoir, il en avait été si bien traité qu'il est pénétré de la plus vive gratitude. Il raconte alors les excellents procédés dont il a été l'objet ; il prie, conjure de sauver un homme si bienfaisant, et parvient à toucher les militaires dont il est entouré ; mais si les soldats sont attendris, le commandant reste inflexible, et ordonne le feu. Alors le pirate prend Choiseul dans ses bras, se place avec lui devant le canon, et, serrant étroitement son bienfaiteur contre sa poitrine, il dit au canonnier :

« Tire maintenant ; puisque je ne peux pas l'arracher à la mort, j'aurai du moins la consolation de mourir avec lui. »

Alors l'émotion gagne le général lui-même et Choiseul est sauvé.

L'expédition de Duquesne avait décidé les Algériens à demander la paix ; mais peu d'années après (1688) de nombreuses infractions au traité signé avec la France ramenèrent sur les côtes d'Afrique le maréchal d'Estrées, et attirèrent sur la ville d'Alger de tels châtiments qu'elle dut cette fois renoncer à une lutte trop inégale. Louis XIV exigea qu'une ambassade solennelle allât porter à Versailles l'hommage de la soumission des vaincus.

Pendant environ un siècle, les deys cessèrent d'exercer d'une manière permanente la piraterie contre la

France ; mais la Révolution de 1789 diminua sin-
gulièrement notre influence dans le pays, et quand
Bonaparte entreprit l'expédition d'Égypte, le dey,
sous l'impulsion de la Turquie, déclara la guerre à
la France. Les hostilités ne furent pas de longue durée. Elles se bornèrent à la destruction de notre
dernier fort, celui de la Calle, défendu par deux
cents Français et vingt canons. Une partie des appro-
visionnements nécessaires à la campagne d'Égypte
fut fournie par des commerçants algériens, et quand,
trois ans plus tard (1801) le premier consul fit la
paix avec le dey, il stipula la garantie du paiement
de ce matériel, envers la maison Busnach et Barri
d'Alger.

L'empereur, absorbé par mille affaires, oublia cette
clause du traité qu'il avait sanctionné ; et, en 1820,
la France restait encore débitrice, à cet égard, de sept
millions. Le roi Louis XVIII décida que la somme
serait payée aux créanciers, après déduction des
oppositions signifiées à leur charge, et reconnues
fondées par les tribunaux français. De nombreux
procès surgirent ; des complications survinrent, et,
cinq ans plus tard, la justice n'avait pas encore dit
son dernier mot.

Hussein, alors dey d'Alger, habitué aux procédés
sommaires de son pouvoir omnipotent, ne compre-

nait rien à ces lenteurs ; il s'en irrita, et ses relations
avec la France devinrent difficiles. Il écrivit au gouvernement du roi une lettre peu mesurée, qui réclamait avec trop d'insistance le paiement de la dette.
Au printemps de 1826, il attendait impatiemment la
réponse, quand M. Devel, consul général, vint lui
rendre ses devoirs, comme c'était l'usage aux veilles
des fêtes musulmanes. Le dey profite de cette entrevue
pour renouveler sa réclamation, et manifester sa mau·
vaise humeur. Il alla jusqu'à menacer le consul de la
prison, si l'argent ne lui arrivait pas dans un bref
délai. La discussion devint très vive de part et d'autre.
Hussein s'emporta tellement que, foulant aux pieds
les plus simples convenances, il frappa le consul au
visage avec un éventail de plumes de paon qu'il tenait
à la main pour chasser les mouches, selon la coutume
du pays. Aussitôt le consul fit observer que l'insulte
ne s'adressait pas à lui, qu'elle remontait à la France
et à son souverain. Le dey répondit qu'il ne craignait pas plus le roi que son représentant, et il
ordonna au consul de sortir de la salle d'audience.

En France, la nouvelle dé cet affront excita l'indignation générale. Le gouvernement prescrivit au consul de demander une prompte réparation, et de quitter
l'Algérie, s'il ne l'obtenait pas. Le dey repoussa les
conditions proposées à son agrément. Alors M. Devel

se retira et le commandant Collet commença le blocus d'Alger (15 juin 1827).

Des lenteurs, causées par la politique, prolongèrent ce blocus pendant trois ans ; enfin le 14 juin 1830, une armée de trente mille hommes, commandée par le comte de Bourmont, transportée par une flotte placée sous les ordres du vice-amiral Duperré, débarquait sur la côte d'Afrique, à la pointe de Sidi-Ferruch, avec un ensemble et une rapidité remarquables. Elle remportait une première victoire qui lui permettait de prendre possession d'une presqu'île, où elle put s'établir et organiser ses retranchements.

Cinq jours plus tard, les troupes du dey, commandées par son gendre Ibrahim et réunies sur la plate-forme de Staouéli, à six kilomètres d'Alger, vinrent attaquer les avant-postes des troupes françaises ; ils furent émerveillés de l'élan, du courage déployé par leurs adversaires.

Après avoir repoussé l'attaque, notre armée se déploya dans la plaine, prit l'offensive avec une ardeur irrésistible, et mit les ennemis en déroute. Quand Ibrahim, tout tremblant, dut comparaître devant le dey, il allégua pour excuse que les soldats ennemis devaient être *ferrés* les uns aux autres, puisqu'ils n'avaient pas rompu leurs rangs, malgré les efforts et le courage de ses troupes. Cette importante bataille avait mis cinq cent trente Français hors de combat, et, comme notre armée ne pouvait pas encore disposer de ses chevaux, elle rentra dans le camp. Les Turcs, les Arabes vinrent l'attaquer de nouveau et furent encore battus.

Dans cette dernière affaire, nos pertes furent peu sensibles : cependant un jeune officier d'avenir dut payer la victoire de sa vie ; ce fut le second des quatre fils qui avaient accompagné le comte de Bourmont en Afrique.

Bientôt les Français arrivèrent sur les hauteurs de Boudjaréah, d'où la vue découvre les terres fertiles du Sahel, Alger et le fort l'Empereur. Cette citadelle semblait devoir retarder le marche triomphante de l'armée, car ses défenseurs avaient juré de s'ensevelir sous ses ruines, plutôt que de la laisser au pouvoir de l'ennemi. Mais ils ne tinrent que la moitié de leur serment; ils opposèrent d'abord une vigoureuse résistance; puis, quand ils furent convaincus de l'inutilité de leurs efforts, ils préparèrent une mine, destinée à faire sauter le fort, ils rentrèrent à Alger, après avoir confié à l'un d'eux la mission de mettre le feu aux poudres.

Le Dey eut la pensée de réduire sa capitale en un monceau de ruines; mais sa milice ne lui permit pas d'accomplir cet acte de désespoir et de vandalisme. Il

se vit alors contraint de capituler (5 juillet 1830). Il
fut convenu qu'il conserverait sa liberté, se retirerait
dans une résidence de son choix avec sa famille et sa
fortune privée. La flotte, composée de dix-sept bâti-

DE BOURMONT

ments de guerre, de huit cents canons, ainsi que le
trésor de l'État, s'élevant à 55 millions, tombèrent aux
mains des vainqueurs. Si l'on excepte la casaubah où
le départ du Dey et l'affluence des indigènes attirèrent

quelques scènes de désordre, tous les quartiers de
la ville, confiants dans la parole de la France, restèrent calmes et paisibles à la vue de l'invasion.

Ainsi se terminait, après vingt jours de campagne,
une expédition qui détruisait le règne de la piraterie,
donnait une vaste contrée à notre patrie, et permettait
d'espérer le triomphe de la civilisation en Afrique.

La France accueillit la nouvelle de la prise d'Alger
avec un enthousiasme de courte durée. Déjà, quand
Charles X vint, en l'église métropolitaine de Paris pour
assister au *Te Deum* d'actions de grâces, le peuple
froid, silencieux, semblait avoir oublié la gloire dont
l'armée venait de doter le pays. Quelques jours plus
tard, entraînés par des meneurs ambitieux, avides de
places et d'influence, les ouvriers des ateliers de la
capitale descendaient dans la rue : les émeutiers dres-
saient des barricades, tiraient contre l'armée, renver-
saient le gouvernement légitime, et le roi se résignait
à prendre le chemin de l'exil.

Avant de s'éloigner, le monarque avait nommé le
duc d'Orléans lieutenant général du royaume, avec
mission de gouverner le pays au nom de Henri V ;
mais, au lieu de défendre les droits du royal enfant,
le prince accepta la couronne pour lui, pour ses héri-
tiers, et il fut proclamé sous le nom de Louis-Philippe.

Après la prise d'Alger, Charles X avait conféré au

général de Bourmont la dignité de maréchal de France.
Le nouveau pouvoir le remplaça par le général Clau-
sel. Le maréchal se hâta de remettre le service à son
successeur, et il se dirigea vers Malaga, en jetant un
dernier regard sur cette ville où il venait d'entrer en
vainqueur, sur cette terre, théâtre de gloire et de douleur. Des 55 millions pris à l'ennemi, il n'emportait
qu'un trésor : le cœur embaumé de son vaillant fils.

La révolution de 1830 ouvrit pour la nouvelle conquête une ère d'irrésolutions, d'essais et d'épreuves.
Le gouvernement de la Restauration, en paix avec tous
ses voisins, laissait à la France une armée, organisée
suivant les règles d'une sage économie, comptant
environ 250,000 hommes sous les drapeaux. Ce chiffre
eût permis de maintenir en Afrique le corps expédi-
tionnaire de 30,000 hommes, et même de lui envoyer
au besoin des renforts. Mais le nouveau pouvoir se
trouvait placé dans des conditions beaucoup moins
favorables. Il avait lieu de redouter des complications
avec l'Europe, il voulait être à même de disposer au
besoin de forces considérables, et, pour lui, l'Algérie
devenait un embarras.

L'histoire de cette conquête de 1830 à nos jours
peut se diviser en quatre périodes. La première (1830
à 1837) est celle des tâtonnements et des expériences
chèrement réalisées. La seconde (1837 à 1840) se

compose de quelques années de paix. La troisième est
marquée par la grande lutte de la France contre Abd-
el-Kader (1840 à 1847). La quatrième est de beaucoup
la plus longue et la plus féconde : elle étend et surtout elle consolide la puissance de la France en Algérie.

Dans la première période, on remarque deux créa-
tions restées célèbres, celle des bureaux arabes, et
l'organisation des zouaves.

Les bureaux arabes donnaient trop souvent à leurs
chefs un pouvoir absolu, sans contrôle suffisant, et
plein de périls ; mais quand ils étaient dirigés par des
officiers consciencieux, initiés aux langues du pays,
pénétrés de l'importance de leur mission, ils se mettaient en rapport avec les indigènes pour connaître
leurs besoins, leur rendre justice, leur apprendre à
bénir le nom français, étudier leur caractère, leurs
mœurs, leurs habitudes, et faire parvenir aux généraux
de précieux renseignements sur la situation du pays.

Le corps des zouaves, dont le nom fut emprunté à
la tribu des Zouaouas, celle qui produisit le plus de
soldats, avait été projeté par le maréchal de Bourmont; il date des premières années de la conquête. Il
se composa d'abord exclusivement de bataillons d'indigènes, distingués par une valeur et une impétuosité
parfois exceptionnelles. Plus tard, la proportion des
indigènes diminua dans ces troupes d'élite ; elles finirent

par ne garder de leur origine que le nom, l'uniforme, le caractère ardent, l'humeur aventureuse, et l'audace avec lesquels elles font des prodiges de valeur.

Parmi les nombreuses expéditions dirigées contre les indigènes, il en est deux dont le vif intérêt nous décide à en relater les détails. L'une s'empara de Constantine; l'autre abattit la puissance d'Abd-el-Kader.

Une première fois, le général Bugeaud crut pouvoir entreprendre, avec 9,000 hommes, le siège de Constantine. Mais les rigueurs inouïes de la saison, les pluies d'abord, puis la neige et la gelée paralysèrent nos soldats, les décimèrent et les obligèrent à une retraite dans laquelle Changarnier, alors commandant, se couvrit de gloire. Les Français étaient poursuivis avec acharnement par des ennemis bien supérieurs en nombre, et enivrés de leurs succès. Changarnier formait l'arrière-garde à la tête de son bataillon, réduit à moins de trois cents hommes. Appréciant d'un coup d'œil rapide l'ensemble de la position, il s'arrête tout à coup, fait former le carré, et dit à ses soldats :

— Allons, mes amis, regardons en face ces gens-là; ils sont 6,000 et vous êtes 300. Vous voyez bien que la partie est égale.

Digne d'un tel chef, la petite troupe attend les

Arabes de pied ferme, les arrête par un feu meurtrier, suspend leur marche triomphale, et sauve ainsi les débris de l'armée française.

Le jeune Abd-el-Kader, ambitieux, énergique, intelligent, s'était attiré de nombreux partisans et nous suscitait des difficultés qui grandissaient avec le temps, le général Bugeaud fit avec lui le traité de la Tafna (1837). Son successeur, le général Damrémont pût alors tourner tous ses efforts contre Constantine.

Le 11 octobre, les feux de la batterie de brèche déterminèrent un éboulement qui rendit l'assaut possible.

« Le 12, dit M. Nettement, avant de lancer les colonnes d'attaque, Damrémont fit sommer les assiégés de se rendre, en leur envoyant un parlementaire chargé de les éclaircir sur leúr position. Le lendemain, ce parlementaire revenait avec la réponse suivante :

» — Il existe à Constantine beaucoup de munitions de guerre et de bouche. Si les Français en manquent, nous leur en enverrons. Nous ne savons pas ce que c'est qu'une brèche et une capitulation. Nous défendrons à outrance notre ville et nos maisons. Les Français ne seront maîtres de Constantine qu'après avoir égorgé le dernier de ses défenseurs. »

En recevant cette réponse, Damrémont s'écria :

— Ce sont des gens de cœur; eh bien! l'affaire n'en sera que plus glorieuse pour nous.

Le succès des opérations du siège paraissait certain. En peu d'heures, la brèche devait être praticable; le temps était magnifique. Tout dans le camp respirait la joie d'une prochaine victoire. Damrémont partageait la confiance générale. Le matin, il mit pied à terre avec le duc de Nemours; et, se dirigeant vers la tranchée pour examiner les travaux de la nuit, il s'arrêta sur le chemin qui y conduisait, à un point très découvert, d'où il observa la brèche. Le général Rullieros, s'étant porté au-devant de lui, lui rappela les dangers qu'il courait.

— C'est égal! répondit-il avec cette impassibilité qui était le caractère de son courage.

Ce fut son dernier mot. Au même moment, un boulet, parti de la place, le renverse sans vie. Cet officier, dont les talents militaires étaient rehaussés par les qualités morales les plus élevées, mourait de la mort de Turenne!

Le lendemain, dès sept heures, le signal de l'assaut fut donné par le vaillant duc de Nemours, désigné comme commandant du siège. En quelques moments la brèche était escaladée au milieu d'une vive fusillade qui couronnait les remparts. — Quand tout espoir de résistance fut perdu, les magistrats de Constantine

firent porter au général Valée, qui avait pris le commandement en chef, une demande de capitulation, en se
recommandant à sa clémence. Le vainqueur fit à cette
prière une réponse pleine de générosité, il remplaça le
pouvoir tyrannique de la cité par un gouvernement
pacifique, pénétré du désir de rendre justice à chacun.
Il appela les principaux indigènes à prendre part à
l'administration de leurs affaires ; et il obtint, par ces
excellentes mesures, la prompte soumission de la ville
et de la contrée.

Tandis que Valée, devenu gouverneur de l'Algérie
et Maréchal de France travaillait, efficacement à consolider notre domination dans l'est de la colonie, Abd-
el-Kader augmentait sa puissance à l'ouest, devenait à
la fois chef temporel et spirituel des indigènes. Son rêve
était d'élever un empire arabe sur les ruines de la puissance turque. Il rallia autour de lui les tribus arabes,
échelonnées de la côte au désert ; et, quand il se crut
assez fort pour pouvoir résister à la France, il lui
déclara la guerre. Malgré plusieurs échecs, malgré la
perte de Médéah et de Milianah, tombées au pouvoir du
maréchal Valée, sa puissance n'était pas sérieusement
ébranlée, parce qu'il avait soin d'éviter le combat,
quand ses forces n'étaient pas supérieures aux nôtres ;
et il parvenait ordinairement à se soustraire à nos
poursuites.

Au milieu de ces graves circonstances, le maréchal
Valée, rappelé en France, fut remplacé par le général

PÉLISSIER

Bugeaud, nommé pour la deuxième fois gouverneur
de l'Algérie.

Dès son arrivée, ce chef énergique, ferme, pratique,
aimé des soldats parce qu'il était sérieusement préoc-

cupé de leur bien-être, déclara que l'expérience avait
profondément modifié ses idées sur le pays.

— Pour soumettre les tribus arabes, dit-il alors, il
faut leur faire incessamment la guerre et les poursuivre
sur plusieurs points à la fois. Le difficile n'est pas de
les battre, c'est de les atteindre. Elles sont plus légères
que nous, et passent là où nous ne passerions pas.
Notre armée, traînant après elle de pesants charois, est
obligée de suivre les grandes voies. Les Arabes savent
donc par où ils seront attaqués, et peuvent se dérober
à une attaque prévue, en traversant des terrains inac-
cessibles à nos troupes.

Le général Bugeaud résolut alors de changer les conditions de la guerre. Il fit tout porter à dos de mulets,
l'artillerie, les vivres, les munitions; on put désormais suivre les Arabes vite, partout, et arriver à eux
par où l'on n'était pas attendu.

L'un des plus brillants lieutenants du gouverneur,
le général de Lamoricière parvint encore à perfection-
ner le nouveau système. Les Arabes ne portaient pas
leurs vivres avec eux, parce qu'ils trouvaient du grain
dans leurs silos, greniers souterrains dont ils connaissaient l'emplacement. Le général décida qu'il ferait
comme eux. On le vit partir avec une colonne pourvue
de vivres pour quatre jours seulement, et tenir la
campagne pendant vingt-deux jours. Il fit seulement

ajouter au fourniment de petits moulins à bras, en usage chez les Arabes. Pour découvrir les silos, on formait, sur un espace d'une ou deux lieues, une chaîne de soldats qui s'avançaient en fouillant la terre avec des baguettes de fusils, ou des pointes de sabres, jusqu'à ce qu'on eut rencontré la pierre, placée presque à la fleur du sol, qui recouvre le silo.

Alors chacun, se mettant à l'œuvre avec son moulin, réduisait le grain en farine, et bientôt la galette était pétrie. Les silos fournissaient le pain; la razzia, quand on trouvait l'occasion d'en faire, procurait la viande, on n'avait plus besoin d'approvisionnement. On vivait moins bien, mais on marchait plus vite; et on se consolait du mauvais repas, en battant les Arabes.

Le nouveau plan de campagne, très utile pour réduire les tribus arabes, fut complété par de grandes expéditions destinées à dompter les forces régulières d'Abd-el-Kader. Tékédempt, sa citadelle la plus importante, puis la ville de Mascara furent promptement envahies par nos soldats. Après plus de deux ans de luttes perpétuelles et de combats acharnés, abandonné d'une grande partie des tribus; Abd-el-Kader fut obligé de battre en retraite pour se réfugier sur le plateau des steppes; mais il y fut poursuivi par le duc d'Aumale. A la tête de 500 hommes de cavalerie le prince attaqua de trois côtés à la fois, et battit la smala de l'émir, c'est-à-dire une population de 20,000 âmes, dans laquelle on comptait 5,000 guerriers. 300 de leurs soldats furent tués, 3,000 prisonniers et un riche butin tombèrent au pouvoir du vainqueur.

Ce désastreux échec décida l'émir à se retirer sur le territoire du Maroc. Il y fit encore un appel aux tribus, parvint à grouper autour de lui de nombreux défenseurs, et réussit même à décider l'empereur du pays à se prononcer contre la France. Alors le prince de Joinville bombarda Tanger, puis Mogador, et Abd-el-Kader perdit la bataille de l'Isly. Bugeaud, à qui ses précédents services avaient valu le bâton de Maréchal, remporta la brillante victoire de ce nom, et fut récompensé par le titre de duc d'Isly.

Cependant l'ennemi, l'année suivante, essaya de rallumer la guerre. Les tribus soulevées furent promptement réduites par l'énergique activité des généraux de Lamoricière et Cavaignac. Bientôt le duc d'Aumale, inaugura par la prise d'Abd-el-Kader un gouvernement, destiné à durer à peine quelques mois. La révolution de 1848 allait priver la France des services de ce valeureux général.

L'émir, dépourvu de ressources, essaya de gagner le désert, mais au col de Kerbout il rencontra les spahis du général de Lamoricière, et, toute résistance étant devenue impossible, il se rendit prisonnier (20 décembre 1847). Il demanda et obtint la faveur d'être conduit à Saint-Jean-d'Acre, pour terminer ses jours à la Mecque. Amené devant le gouverneur, il salua le prince avec une respectueuse émotion; puis, il lui dit avec un sentiment de fierté contenue :

— Il y a longtemps, que vous désirez ce qui s'accomplit aujourd'hui. Tout arrive selon la volonté de Dieu.

Le lendemain, il se rendit à l'audience officielle, monté sur une belle jument noire, dont il fit hommage au duc d'Aumale, en prononçant ces mots :

— Je vous offre la seule chose que je possède et que j'estime en ce moment.

Le prince répondit :

— Je l'accepte comme un gage de votre soumission à la France et de la paix de l'Algérie.

Abd-el-Kader regagna sa tente à pied. Le même jour, il s'embarquait pour Oran, et de là pour Marseille. Après seize ans d'efforts et de luttes, l'étendard de la domination arabe disparaissait définitivement du sol algérien.

La quatrième phase du développement de la puissance française en Afrique, commencée au départ du duc d'Aumale, se prolongea jusqu'à nos jours. Le pays se purifie et des essais d'organisation se produisent avec des succès divers.

Indépendamment des campagnes entreprises pour réprimer les soulèvements de certaines tribus, disposées à guerroyer, nous avons à signaler les campagnes glorieuses et difficiles, qui soumettent à l'autorité de la France les tribus de la petite Kabylie (1850-1851) et les expéditions dirigées contre les nombreuses populations de la grande Kabylie. Mais, à mesure que les années s'écoulent, l'emploi de la force devient plus rare parce qu'il n'est plus nécessaire. Notre domination est plus respectée, et des tribus importantes viennent se placer sous notre patronage.

Parmi les gouvernants de cette époque, nous trouvons entre autres trois noms glorieux, à des degrés, à des titres divers, en France : ce sont ceux des maréchaux Randon, Pélissier et Mac-Mahon.

CHAPITRE VI

Après avoir raconté la conquête de l'Algérie par la
France, nous avons à faire connaître ses habitants, ses
principales villes, son gouvernement, ses finances, son
agriculture, son commerce, son industrie, ses lois sur
la propriété.

La population du pays dépasse sensiblement trois
millions d'âmes. Les indigènes figurent dans ce chiffre
pour neuf dixièmes environ; les Européens pour un
dixième. Les Français, dont le nombre augmente len-
tement, ne forment pas tout à fait les deux tiers de ce
dixième; le dernier tiers se compose d'Allemands,
d'Anglo-Maltais, de Belges, d'Espagnols, d'Italiens, de
Suisses, etc.

Les indigènes se subdivisent en plusieurs nationalités

distinctes. Ce sont : les Kabyles, les Arabes, les Maures, les Koulouglis, les nègres et les Juifs.

Les Kabyles, appelés autrefois Barbères ou Numides, forment à peu près les deux cinquièmes de la population indigène. Ils descendent de l'antique race africaine. Ils ont échappé aux mélanges des diverses invasions, et ont sauvegardé, dans une certaine mesure, leur indépendance. S'établissant dans les montagnes, ils évitaient le plus possible les contacts avec les conquérants. On les reconnaît à leur taille moyenne, à leur front large, à leur visage carré, à leurs lèvres épaisses, à leur teint basané. Ils habitent des *gourbis* ou cabanes construites en pisé et en pierres, dont l'agglomération plus ou moins importante forme les bourgs et les villages.

Ouvriers laborieux et loyaux, ils cultivent la terre ou se livrent aux professions industrielles pendant la paix; en temps de guerre, ce sont de courageux fantassins. Beaucoup d'entre eux se résignent à émigrer, et vont passer un certain temps dans les villes pour y gagner un pécule; mais, comme ils aiment par-dessus tout leurs montagnes, ils se hâtent d'y revenir dès qu'ils ont amassé quelques économies.

Imbus des erreurs mahométanes, comme la plupart des anciens habitants du pays, ils ont conservé dans leurs pratiques religieuses des symboles du christia-

LE DUC DE NEMOURS

nisme. Un auteur digne de foi a reproduit la déclaration d'un de leurs émirs décidé à faire élever ses enfants dans la foi chrétienne.

« Longtemps avant Mahomet, a-t-il dit, les aïeux de nos aïeux avaient la religion de la croix, comme les francs d'Europe. Nos enfants reprendront la religion de leurs pères. »

Beaucoup ont conservé le souvenir confus mais respectueux de leur ancienne foi. Ils portent souvent, tatoué sur leur front, sur leurs mains, le signe sacré de la croix. Lorsqu'on leur demande la signification de ce signe, ils répondent :

« C'est le signe de la voie que suivaient nos pères, et cette voie c'est celle qui conduit au bonheur. »

Quand on va visiter les ruines d'Hippone, où saint Augustin a répandu tant de lumières, il n'est pas rare d'y rencontrer des femmes, des vieillards qui font brûler des cierges. Si on leur demande le motif de cette pratique, il répondent :

« Nous faisons brûler des cierges au *grand chrétien*. Nous ne savons pas son nom. Nous faisons ce que nos pères nous ont appris. »

Il y a deux rivières qui entourent l'ancienne Hippone de leurs gracieux contours. Les indigènes appellent l'une d'elles la rivière du *Père de l'Église*.

Enfin les Kabyles ont conservé de leurs ancêtres la

loi de n'avoir qu'une femme. Ils n'admettent pas la polygamie, généralement répandue autour d'eux. Ils traitent avec égards leur unique compagne, et leur vouent une cordiale affection.

Quand les Arabes envahirent l'Afrique, l'épée d'une main et le Koran de l'autre, ils mirent à mort une grande partie de ceux qu'ils purent atteindre et qui ne voulurent pas apostasier. On évalue à dix millions le chiffre des indigènes qui furent martyrisés ; un nombre à peu près égal fut, dit-on, transporté en Arabie. Le reste se sauva dans les montagnes, et y conserva long-temps le trésor de la foi. Une lettre du Souverain Pontife Grégoire VII, écrite en xi⁰ siècle, quatre cents ans après la conquête du pays par les Mahométans, encourage les Kabyles à la persévérance, et les exhorte à donner aux infidèles l'exemple des vertus chrétiennes.

Ils suivirent le Coran quand ils cessèrent d'avoir des prêtres pour les instruire, leur administrer les sacrements, et même alors, si les masses succombèrent, de nombreux individus conservèrent dans leurs cœurs le dépôt sacré de la vérité religieuse, ils s'efforcèrent de la transmettre à leurs enfants comme la meilleure part de leur héritage.

Les Arabes sont très nombreux. Ils forment presque les trois cinquièmes de la population indigène. Ce sont les descendants des fanatiques guerriers, venus pour s'emparer du pays au viie siècle. Grands, vigoureux, agiles, ils ont le front fuyant, les lèvres minces, les yeux vifs, le nez aquilin.

Accoutumés à une vie errante, ils s'abritent sous des tentes qui s'harmonisent mieux que les gourbis avec leurs goûts nomades. Ils cultivent la terre, quand elle est fertile, comme dans le Tell; ils se livrent à l'élevage des bestiaux, quand le sol leur semble approprié à ce genre d'industrie agricole, comme dans le Sahara.

Ils sont intelligents, aiment la famille, la tribu, l'indépendance, et pratiquent volontiers l'hospitalité; mais ces qualités s'effacent devant des vices odieux, tels que le goût du vol, l'habitude du mensonge, la paresse, l'orgueil et la dissolution des mœurs. Passionnés pour les chevaux exceptionnels dont ils sont pourvus, ils s'en servent continuellement, et les traitent avec plus de ménagements que leurs femmes. Celles-ci, malheureuses, méprisées, sont pour les riches des moyens de satisfaire leurs instincts grossiers, pour les pauvres, des servantes accablées de travail et d'humiliations.

Les Arabes comme les Kabyles se divisent en tribus. Les Kabyles sont sédentaires; chez eux, l'élément de la tribu est le village ou la petite ville. Les Arabes sont nomades sans être errants; ils habitent sous la tente. Chaque chef de famille est propriétaire d'un douar, c'est-à-dire d'une agglomération de tentes, disposées en cercles, au milieu desquelles se gardent les troupeaux. Le maître du douar réunit autour de son pavillon celui de ses enfants, de ses parents, de ses alliés. Il a autorité sur tous, et réprésente leurs intérêts dans le conseil de la tribu.

De notre temps, les Maures ne descendent pas, comme leur nom semblerait l'indiquer, des anciens habitants de la Mauritaine ; ils sont issus des diverses nations qui sont venues successivement s'établir dans le nord de l'Afrique. Peu nombreux, ils demeurent dans les villes du littoral, s'adonnent à la petite industrie et au commerce de détail. Ils sont doux, mais insouciants et inactifs.

Il existe en Afrique environ trente mille Koulouglis, ce sont les enfants des Turcs et de femmes indigènes. Maltraités par les deys qui les avaient privés des privilèges dont leurs pères avaient joui, attaqués par les Arabes au moment de la chute des tyrans algériens, ils se prononcèrent pour les vainqueurs immédiatement après la conquête. Beaucoup d'entre eux prirent du service dans notre infanterie, où on les désigna sous le nom de turcos.

Les Juifs sont beaucoup plus nombreux. Quant aux nègres on en compte seulement quelques milliers. Les premiers sont surtout colporteurs et fabricants de bijoux.

Les seconds travaillent à la campagne comme aides agricoles, et à la ville comme manœuvres, domestiques, ouvriers industriels, etc.

Les Juifs forment avec les nègres un double contraste. Tandis que l'Israélite porte sur sa peau blanche un vêtement de couleur sombre, le nègre montre une prédilection marquée pour les couleurs claires. Son turban et sa veste sont blancs. Jusque dans les industries qui le font vivre, il semble rechercher des oppositions avec la couleur de sa peau. Il se fait marchand de chaux, et sa compagne marchande de farine. Dans les villes, la plupart du temps, il exerce la profession de badigeonneur. Il promène son pinceau à long manche sur la coupole des minarets et sur les façades des édifices.

Les Arabes n'ayant aucune répugnance pour la couleur des nègres, les deux races forment entre elles de nombreuses alliances, et leurs enfants sont mulâtres.

On trouve encore dans les villes une classe d'individus appelés *Berramés* ou *gens du dehors*. Ce sont des habitants de la campagne appartenant aux diverses races dont nous venons de parler. Attirés dans les cités par l'espoir d'y gagner davantage, ils conservent l'esprit de retour pour jouir des bénéfices qu'ils auront pu acquérir.

Les principales cités de l'Algérie sont : Alger, Constantine, Oran, Tlemcen, Bône, Philippeville. On peut encore mentionner les villes fortes de Mostaganem et de Blidah ; Bougie, qui développe avec succès son commerce d'instruments aratoires et d'huiles ; elle a donné son nom aux chandelles de cire, appelées *bougies*, dont elle fabrique une très grande quantité. On cite Mazagran (province d'Oran) célèbre par la valeur avec laquelle, en 1840, cent vingt-trois Français s'y défendirent contre douze mille Arabes.

Capitale des possessions de la France dans l'Afrique septentrionale, siège d'un archevêché et d'une Cour d'Appel, chef-lieu d'une Académie universitaire, Alger, située sur la Méditerranée, est le centre des administrations militaire, civile, maritime et financière du pays. Le gouverneur général y réside. Préfecture, tribunaux de première instance et de commerce, lycée, collège, écoles de médecine et de pharmacie, musée, bibliothèque, observatoire, banque, bourse, chambre d'agriculture, société historique et archéologique, œuvres et institutions de charité, caisse d'épargne, mont de piété, bureau de bienfaisance, hospices, hôpitaux, Alger possède les établissements fondés dans les plus grandes villes de France. Sa configuration est à peu près celle d'un triangle dont la base s'étend le long de la mer, et dont le sommet est dominé par la citadelle de la Casaubah, élevée à cent dix-huit mètres au-dessus du niveau de la mer. Sa surface est triple de celle qu'elle occupait autrefois. Les rues, les places, les édifices, créés par la France, l'ont assainie, embellie, et lui donnent, dans plusieurs quartiers, un aspect analogue à celui des villes européennes. On peut la diviser en deux parties.

La ville vieille se reconnait à ses rues étroites, tortueuses, escarpées, à ses maisons carrées d'un seul étage, blanchies à la chaux, dépourvues de fenêtres extérieures, surmontées de terrasses. Les rues, fraîches en été, sont préservées de la pluie en hiver, parce que le plus souvent les bâtiments dont elles sont bordées de chaque côté s'avancent les uns vers les autres, en forme de voûte.

La partie de la ville vieille, située près de la mer, a été démolie et reconstruite à la moderne. Cependant on y a conservé quelques-uns des monuments mauresques les plus curieux. Là se trouve la vaste place du Gouvernement, centre auquel aboutissaient les rues principales, et où sont groupés des édifices remarquables. Tels sont : l'hôtel du gouverneur, le palais de l'archevêque, la cathédrale, construite dans un style maure byzantin.

Quant à la ville neuve, elle est bâtie au sud de la vieille, et possède de beaux monuments. On voit la place d'Isly, décorée de la statue du maréchal Bugeaud.

La plupart des églises sont d'anciennes mosquées.

La ville, éclairée au gaz, compte un certain nombre de magasins, remplis d'objets de luxe.

Le port a été transformé et notablement agrandi, grâce à une jetée artificielle, formée d'immenses blocs de béton solidifié. Un vaste système de fortifications la met à l'abri des attaques, par terre et par mer.

Les autres villes ont une importance secondaire.

Constantine rappelle le souvenir de Constantin qui l'a rebâtie; elle renferme beaucoup de monuments romains. Elle compte 40,000 habitants; elle est le chef-lieu d'une province et le siège d'un évêché.

Oran possède aussi un évêché. Cette cité fut construite par les Maures, chassés d'Espagne; elle renferme un fort et plusieurs édifices remarquables, sa population est d'environ 15,000 âmes.

Tlemcen, fut autrefois la capitale d'un état arabe, et semble se souvenir de son antique splendeur.

Bône, à la fois commerçante et industrielle, a été bâtie près des ruines d'Hippone et rappelle saint Augustin. On y trouva un château fort, et deux ports fréquentés par les pêcheurs de corail.

Philippeville, à l'embouchure de l'Oued-el-Kébir, ainsi nommée en l'honneur du roi Louis-Philippe, fut construite en 1839, sur les ruines de Rusicada. Sa population ne dépasse guère 6,000 habitants.

La haute administration de l'Algérie est confiée au gouverneur général ; suppléé en son absence par un sous-gouverneur. Il commande les forces de terre et de mer, surveille tous les services, et nomme à un grand nombre d'emplois. Un directeur, placé sous ses ordres, contrôle les affaires civiles, propose les mesures favorables à l'agriculture et à la colonisation.

Le gouverneur préside deux conseils ; l'un, appelé consultatif, donne son avis sur toutes les questions qui intéressent le domaine de l'État, la création de nouvelles communes, les concessions de forêts, de mins, etc.; l'autre, nommé conseil supérieur, examine le budget préparé par le gouverneur, et la répartition des crédits entre les différents services.

Au point de vue administratif, l'Algérie se divise en trois provinces qui partagent le pays en longues fractions, perpendiculaires au rivage de la mer. Ce sont les provinces d'Alger, de Constantine et d'Oran. Chacune d'elles se subdivise en territoires civils et militaires. Le territoire civil commence au bord de la mer, s'avance dans l'intérieur de l'Afrique jusqu'aux dernières possessions des colons européens, et forme le département qui se fractionne en arrondissements, en districts ou grands cantons et en communes. Comme en France, à la tête du département il y a un préfet, assisté d'un conseil de préfecture, contrôlé par un conseil général.

Un sous-préfet administre l'arrondissement ; dans le district un commissaire civil est ordinairement juge de paix. Chaque commune à son maire et son conseil municipal.

Sous la direction du préfet, un bureau arabe départemental ; sous celle du sous-préfet un bureau arabe d'arrondissement règlent les questions de justice, d'école, de police, de perception d'impôt qui intéressent les indigènes de la circonscription.

Quant aux territoires militaires, occupés par les indigènes, le Sahara algérien, les plateaux et la plus grande partie du Tell, leur administration, se centralise à Alger ; elle compte autant de divisions que de provinces. Les trois chefs-lieux sont : Blidah, Constantine et Bône. La division se fractionne en subdivisions et en cercles. A sa tête, est placé un général, assisté d'un bureau arabe divisionnaire. Dans sa circonscription ce général a les attributions d'un préfet. Dans la subdivision un bureau arabe militaire, composé d'un capitaine et de deux adjoints, est intermédiaire légal entre l'autorité française et les tribus.

Il existe au moins 1,200 tribus soumises à notre domination. Leur ancienne organisation a été maintenue. Cependant une grave modification a été apportée dans le choix de leurs chefs. Maintenant ils sont désignés par le général de division ou par le gouverneur lui-même. Assistés des hommes les plus notables de leur nation, ils administrent, perçoivent l'impôt, jugent les différends, et reçoivent de la France leur traitement.

La justice civile et criminelle est rendue aux Européens par une magistrature amovible; elle applique le droit français; quarante justices de paix, six tribunaux de première instance, trois tribunaux de commerce, des cours d'assises sans jurés ressortissent de la cour d'appel, siègeant à Alger.

La justice musulmane puise dans le Coran les motifs de ses décisions, ses tribunaux civils se composent d'un juge et d'assesseurs nommés par le gouverneur général. Ils rédigent les conversations, partagent les héritages, et remplissent, à beaucoup d'égards, les fonctions des notaires.

En matière criminelle, les indigènes sont justiciables des cours d'assises, s'ils habitent les circonscriptions civiles. S'ils se trouvent dans les circonscriptions militaires, ils sont livrés aux conseils de guerre, s'il s'agit de crimes, et aux commissions mixtes, composées de magistrats et d'officiers, s'ils sont prévenus de délits.

Pour les Européens, les charges publiques sont beaucoup moins lourdes en Algérie qu'en France. Ils n'ont à payer ni l'impôt foncier, ni celui des portes et fenêtres, ni celui du tabac, ni les droits de succession, ni ceux de consommation sur les vins et les alcools, à l'exception des droits que doivent acquitter les débitants de boissons.

Les indigènes paient en argent la dîme de la récolte, d'après une estimation proportionnée à l'importance de la moisson. Ils doivent aussi sur leurs bestiaux une contribution dont le chiffre se fixe chaque année.

S'ils exploitent des domaines de l'État, ils sont assujettis à une redevance moyenne de vingt francs par charrue, c'est-à-dire pour une étendue qui varie de dix à vingt hectares, suivant la fertilité des terrains.

Enfin, ils doivent annuellement acquitter une contribution extraordinaire, fixée pour chaque tribu, au moment de sa soumission.

L'ensemble des impôts algériens suffit à couvrir les charges civiles, générales et particulières de la contrée. Quant aux frais d'entretien de l'armée, qui dépassent soixante millions, ils restent à la charge de la France. Mais il convient de rappeler ici que les avantages matériels, procurés à la métropole par une colonie, ne s'estiment pas seulement par les trésors qu'elle en retire. Il faut tenir compte dans cette évaluation des importants débouchés ménagés au commerce, du mouvement des importations et des exportations.

A ce point de vue, l'Algérie progresse; elle obtient des résultats de plus en plus satisfaisants, ses productions agricoles se développent. Elles prendront plus d'extension, si les voies de communications s'améliorent et se multiplient, si les colons européens arrivent en plus grand nombre, et si les indigènes adoptent les méthodes et les instruments agricoles importés par les Français.

A part quelques établissements métallurgiques, l'industrie algérienne possède peu d'entreprises dignes d'être signalées; mais les opérations commerciales deviennent de plus en plus considérables. Avant la conquête, elles ne dépassaient guère cinq à six millions; de nos jours leur importance s'élève à plus de cent cinquante millions, l'Algérie reçoit de la France : café, sucre, vin, eau-de-vie, farine, savons, peaux préparées, fers, fontes, aciers, faïence, porcelaine, verrerie, etc. Elle expédie sur notre continent : blé, laine, huile d'olive, coton, tabac, peaux brutes, soie, liège, plomb, corail, crin végétal, légumes, fruits, essences, bois de thuya, etc.

Avant la conquête, la propriété du sol algérien, réglée par le Coran, se divisait en quatre catégories. On distinguait : 1° les biens libres, privés, qui se transmettaient sans difficultés, et se justifiaient par des titres réguliers; 2° les possessions de main-morte, appartenant à des corporations qui ne pouvaient pas les aliéner; 3° le domaine de l'État, dont le dey avait la jouissance; 4° les biens possédés collectivement par les tribus.

Après la conquête, la France a respecté les propriétés privées, s'est emparée du domaine de l'État, et de celui dont les corporations étaient usufruitières et prit l'engagement de s'acquitter des charges dont ce domaine était grevé. Quant aux terres possédées collectivement par les tribus, elles ont donné lieu à de nombreuses controverses. Le sénatus-consulte de 1863 reconnait aux tribus la propriété des terrains dont elles ont la jouissance traditionnelle ; il ordonne leur délimitation, leur répartition entre les divers douars ou villages, et autant que possible, le partage de ces biens entre les habitants des douars, afin d'arriver, avec le temps, à transformer les droits collectifs en propriétés individuelles, accessibles à tous, devenant le stimulant et la récompense de l'activité, du travail et de l'économie.

D'après le décret impérial du 25 juillet 1860, les terres dont le domaine public peut disposer s'acquièrent par la triple voie des enchères publiques, des ventes à prix fixe et des concessions gratuites.

Les transactions et transmissions de propriétés sont réglées par le Code civil, quand les Européens traitent entre eux, ou avec les musulmans. Entre musulmans, elles suivent les formalités prescrites par le Coran.

CHAPITRE VII

L'avenir d'une colonie dépend de la conduite des colons et des principes religieux qui dirigent leur vie. Il est donc intéressant de connaître les institutions chrétiennes, établies depuis la conquête dans l'Afrique septentrionale.

Reconnaissons-le tout d'abord avec un profond regret, les premiers émigrants, venus en Algérie furent, pour la plupart, dépourvus des qualités nécessaires au succès de la colonisation.

Débauchés, ivrognes, indifférents ou impies, ils excitèrent le mépris des vaincus. Les Arabes respectueux pour leur religion, s'indignaient à la pensée qu'un peuple, en apparence mécréant, lui imposât sa domination. Pour consolider notre conquête, il eut fallu gagner l'estime des indigènes, et, pour remporter cette seconde victoire, il importait de rendre évidente à tous les regards la supériorité de notre valeur morale ; car si la force matérielle est l'une des bases de l'autorité, la puissance, pour être durable, doit s'appuyer sur la justice et sur la vertu.

Ces principes furent méconnus dans les premiers temps surtout, et l'influence de la France s'en ressentit. Le gouvernement redoutait les critiques des hommes qui persécutaient la religion. Il négligea de donner satisfaction aux besoins spirituels des colons chrétiens ; il attendit huit ans avant de créer un évêché. Son premier titulaire fut Mgr Dupuch (1838).

Destiné par sa famille à la magistrature, M. Dupuch avait fait son droit à Paris. Il s'y était lié avec des étudiants pieux, et avait consacré comme eux à la charité les loisirs de sa généreuse activité. Les petits savoyards, séparés si jeunes de leurs pauvres familles et envoyés à Paris pour gagner leur pain, excitaient spécialement sa compassion. Il les savait livrés à des maîtres qui les traitaient durement, et abusaient trop souvent de leurs forces. Aussi, quand il s'agissait de les soulager, de les secourir, de leur apprendre le catéchisme, de les préparer à la première communion, il suivait l'élan de son cœur, sans tenir compte ni de ses peines, ni de ses sacrifices.

Sa vocation, longtemps incertaine, se dégagea tout à coup des nuages dont elle semblait enveloppée, et lui apparut évidente, le jour où entrant dans une église, il entendit un prédicateur célèbre, s'écrier :

« Lorsque les saints arriveront au ciel, ils pousseront un cri d'étonnement, d'admiration, d'ivresse, et ce sera toujours ainsi. »

Ces paroles furent pour son âme comme des traits de lumière, qui lui montraient la voie, en lui révélant l'incomparable beauté du paradis.

Elles lui inspirèrent le courage de renoncer à tout, pour être plus sûr d'y entrer. Elles firent cesser ses hésitations, et, quarante-huit heures après les avoir recueillies, il entrait au Séminaire (1822) heureux d'y retrouver des amis de l'École de droit, parmi lesquels on distinguait le R. P. de Ravignan.

Il fut ordonné, après de fortes études, embrassa la carrière des missions, et fut un prêtre d'élite. Ses vertus, son amour des pauvres, sa chaleureuse éloquence lui acquirent une renommée qui s'étendait au loin. Quand il s'agit de la difficile organisation

du nouveau diocèse africain, il fut chargé d'entreprendre cette grande œuvre.

L'évêque d'Alger reçut pour cathédrale un monument, de forme élégante, qui rappelle celle de l'église
de l'Assomption à Paris ; c'était l'ancienne mosquée
des femmes. Le dôme principal, entouré de dix-neuf
coupoles, repose sur seize colonnes de marbre blanc et
d'un seul bloc.

Les mosquées renferment une grande niche où,
chaque vendredi, le prêtre musulman chantait des
prières solennelles. Dans la niche de la nouvelle
cathédrale, on a placé l'autel de la sainte Vierge.
Autour de sa statue, le prélat eut l'heureuse idée
de faire reproduire le verset suivant, tiré du Coran :

« Dieu envoya un ange à Marie pour lui annoncer
qu'elle serait la mère de Jésus. — Marie lui répondit : Comment cela se fera-t-il ? — L'ange reprit :
Par la toute-puissance de Dieu. »

Une maison où descendaient les beys de Constantine, quand ils se rendaient à Alger pour payer le tribut,
devint le palais épiscopal. La principale pièce de cette
maison est ornée de gracieuses sculptures ; elle a été
transformée en une jolie chapelle gothique. Là, bien
des grâces furent accordées aux prières et aux vertus
de Mgr Dupuch.

Dès 1840, Sa Grandeur y recevait cent trente abjurations de protestants, sans compter celles des juifs et des musulmans. Les années suivantes, d'autres retours très nombreux furent la récompense d'un apostolat fécondé par une immense charité.

La bienfaisance de l'Évêque était pour ainsi dire sans borne ; aussi les indigènes se plaisent-ils à lui donner des témoignages de respectueux amour. A Constantine, ils transportent dans l'église catholique la chaire de leurs mosquées. Partout les marabouts eux-mêmes expriment leur vénération pour le prélat.

Il appelle les Ordres religieux à le seconder dans son ministère. A sa demande, des Sœurs viennent de France pour instruire les enfants, et soigner les pauvres. En admirant leurs œuvres, les indigènes les comparent à des anges, descendus du ciel sur la terre pour y répandre des bienfaits. Les femmes étonnées d'abord de voir les religieuses sortir de leurs maisons, sont touchées, quand elles apprennent qu'elles ont voulu renoncer aux joies de la famille et aux douceurs d'une vie facile pour se vouer au service de malheureux qu'elles ne connaissent pas.

En 1843, Mgr Dupuch obtint des Trappistes en Algérie. Ces vaillants religieux furent appelés à Staouéli, près d'Alger, là où l'armée française avait campé ; quand elle était venue pour conquérir le pays. Sous l'habile direction du R. P. Régis leur Supérieur.

Ils fondent un monastère important, où les indigènes apprennent à la fois les lois de l'agriculture perfectionnée, et le chemin du ciel. L'exploitation est vaste : il s'agit d'une superficie de mille hectares. Le pays est si insalubre qu'avant l'arrivée des Trappistes les troupes y étaient décimées. Ils commencent eux-mêmes par payer à la mort un large tribut. Mais ils ne se découragent pas, et le succès couronne leur héroïque persévérance. Plus de cent religieux donnent dans cet établissement l'exemple du travail qui fertilise la terre et de la mortification qui attire les bénédictions de Dieu.

Charronnage, menuiserie forges, serrurerie, ils exercent ces divers états, utiles à la culture. Leurs drainages bien organisés irriguent des cultures industrielles. Leur bétail est remarquable, ils vendent aux colons leurs beaux produits très supérieurs à ceux du pays. Ils emploient beaucoup d'ouvriers et les logent dans leurs bâtiments.

Les hommes sont sûrs, s'ils sont estimables par leur conduite, de trouver à Staouéli un emploi, un abri et du pain. Les Trappistes savent à la fois relever les courages abattus et consoler les cœurs affligés. Leur ambition est de mourir victimes de leur dévouement.

Malgré les nombreuses bénédictions accordées à son épiscopat, Mgr Dupuch avait souvent à déplorer les entraves imposées à son zèle. Il était gêné, tracassé par l'administration civile, quelquefois même par l'autorité militaire qui redoutaient sa bienfaisante influence. Elles ne comprenaient pas la puissance de l'action chrétienne, seule capable d'éclairer, de civiliser, et d'attacher sérieusement les indigènes à la France. Elles avaient peur de les blesser par des manifestations religieuses, tandis qu'elles les choquaient par leur indifférence apparente en matière de religion.

Quand les Africains nous virent construire la première église catholique, loin de se formaliser, ils manifestèrent leur contentement.

Pendant des années, l'évêque supporta, sans se plaindre, les épreuves de sa situation; mais elles s'aggravèrent avec le temps. D'ailleurs ne sachant pas refuser, il donnait toujours sans compter : sa générosité lui fit contracter de lourds engagements. Vaincu par des difficultés devenues insurmontables, il résolut de se démettre de son siège, en 1846, laissant derrière lui, dit M. Nettement, quatre-vingt-onze prêtres, soixante églises ou oratoires pourvus des objets les plus indispensables au culte, seize établissements religieux, cent quarante Sœurs de divers Ordres, des Lazaristes, des Jésuites, des Trappistes, des Frères pour les écoles, un Séminaire, d'excellentes maisons d'éducation, des refuges pour les orphelins, les orphelines, les pauvres, les vieillards, de pieuses sociétés, des associations de charité, notamment celles de Saint-François Régis, de Saint-Vincent de Paul, fécondes en fruits de salut.

Mgr Pavy continua les œuvres de son vénéré prédécesseur dans la mesure imposée à son zèle par la prudence et l'exiguïté de ses ressources.

Il soutint l'orphelinat fondé par le R. P. Brunault, de la Compagnie de Jésus. Cet asile, construit entre Alger et Dely-Ibrahim, parvint à recueillir un personnel d'environ cinq cents enfants.

Il eut la consolation d'ériger près d'Alger, l'église de Notre-Dame d'Afrique. Un pèlerinage avait été fondé sur le penchant de la colline où s'élève maintenant le remarquable monument. Une pieuse fille, nommée Agarithe, avait été la première promotrice de cette dévotion. Obéissant à une inspiration du ciel, elle avait placé la statue de la sainte Vierge, près d'une source vive, abritée par des oliviers séculaires. Bientôt de nombreuses et insignes faveurs, obtenues aux pieds de celle qu'on appelait Notre-Dame du Ravin, confirmèrent les espérances de la fervente enfant de Marie. Le concours des fidèles devint très considérable, et l'évêque ne tarda pas à décider la fondation d'une chapelle provisoire (1858). Elle fut insuffisante.

Alors Mgr Pavy (1863), se faisant mendiant pour la gloire de la sainte Vierge, commença la construction

LE DUC D'AUMALE

de l'église, vint en France pour solliciter des secours, et ne recula devant aucun sacrifice.

Sa pieuse entreprise était très avancée quand le Seigneur l'appela pour récompenser son laborieux épiscopat.

A sa sainte mort (1866), les territoires français de l'Afrique septentrionale furent divisés en trois circonscriptions ecclésiastiques.; deux évêchés furent créés à Bône et à Constantine; le siège d'Alger, érigé en archevêché fut attribué à Mgr Lavigerie appelé de l'évêché de Nancy, où il avait, en peu d'années, accompli des œuvres importantes, et où il laissait de vifs regrets.

Quand le nouvel archevêque prit possession de son siège, il lui fut interdit, comme à ses vénérables prédécesseurs, d'annoncer la vérité aux nombreux infidèles qui peuplaient le pays, de leur parler du divin Maître et de leur montrer le chemin du ciel. La défense formelle existait quand survint la famine de 1867. Ce fut une occasion propice de réclamer un droit qui lui appartenait.

Il la saisit avec empressement. Une bureaucratie hostile et tracassière voulait l'empêcher d'instruire des enfants dont il avait sauvé la vie. Il combattit les sophismes qui lui furent opposés, impressionna l'opinion publique, agit avec vigueur, et parvint à briser les barrières qui séparaient le clergé des infidèles. Touché de ses arguments, le pouvoir impérial décida qu'à l'avenir la liberté de l'apostolat ne serait plus entravée.

A peine avait-il remporté cette importante victoire qu'il voulut la faire tourner au profit des âmes. Il lui fallait des prêtres, exempts des devoirs du ministère paroissial, prêts à aller partout où ils pourraient pénétrer pour prêcher l'Évangile aux populations africaines. La Providence lui ménagea ces précieux auxiliaires en le mettant à même de fonder l'Ordre des Missionnaires algériens, ou *Pères blancs,* connus sous ce nom à cause de la couleur de leurs vêtements.

« Cette Congrégation, dit-il, est née, comme d'elle-même, en 1868, des charges imprévues que nous imposait la terrible famine de 1867. Le clergé de la colonie, élevé dans la pensée qu'il ne lui serait jamais permis de nouer des relations, même de simple charité, avec les indigènes, n'avait pas appris leur langue. Je cherchais donc vainement dans son sein des prêtres qui pussent se charger de la direction de nos orphelinats arabes. Je regrettais de ne pas trouver une société d'hommes apostoliques qui pût venir à mon aide. »

Pendant que l'archevêque se préoccupait de ce besoin, M. l'abbé Girard, Lazariste, supérieur du grand séminaire de Kouba, vint un jour lui amener trois élèves, résolus de se consacrer à l'apostolat africain. C'était comme le grain de sénevé : mais dans une terre fer-

tile, il se développa rapidement. De trois, ils sont devenus plus de trois cents, sans compter, ceux déjà très
nombreux, qui entrèrent dans cette sainte milice, et y
ont déjà cueilli la palme du martyre.

« Le fondateur, dit Mgr d'Autun, dans l'une de ses
deux belles oraisons funèbres, avait eu garde de leur
dissimuler à quels labeurs, à quels sacrifices ils s'exposaient. N'est-ce pas lui qui écrivait sur les lettres
testimoniales d'un prêtre, venu de France pour s'en-
gager dans la nouvelle société : *Vu pour le martyre.*
Aucun de ces vaillants ouvriers du Christ n'a reculé
devant cette formule laconique et significative, qui
exprimait si bien les conditions généreusement acceptées par eux, comme gage de leur dévouement absolu
à la sainte cause de l'évangélisation des infidèles musulmans ou païens.

» L'année même où l'oblation spontanée de trois
séminaristes permettait à Mgr Lavigerie d'entreprendre
cette grande œuvre, le Souverain Pontife le nommait
délégué apostolique du Sahara occidental. Bientôt il
lançait sa petite troupe, après l'avoir formée, disci-
plinée, embrasée du zèle ardent dont il était lui-même
consumé. »

Sur les 2,000 enfants mourant de faim, auxquels
Sa Grandeur avait ouvert ses bras et son cœur, près
de 800 succombèrent d'épuisement et des atteintes du

typhus. 1,200 survécurent et furent élevés dans deux orphelinats distincts. Aucune pression n'a été exercée sur leur volonté, aucune contrainte ne leur a été imposée. Ils sont restés libres de suivre la religion de leurs pères. Devenus adultes, 200 demandèrent à rentrer dans leurs tribus, et sortirent des asiles où ils aimèrent à revenir pour témoigner leur reconnaissance.

Quant aux 1,000 autres, touchés du tendre dévouement dont ils avaient été les objets, et des vertus qu'ils avaient vu pratiquer autour d'eux, ils ont étudié la religion à laquelle ils étaient redevables de tant de bienfaits, et ils l'ont embrassé avec amour, parce qu'ils en ont reconnu la céleste origine. Après plusieurs années d'éducation morale et agricole, on leur demandait s'ils voulaient aller retrouver leur mère.

— Non, non, répondaient-ils.

— Pourquoi, ajoutait-on?

Alors, ils disaient :

— Parce que j'ai trouvé un père qui est meilleur que ma mère.

Parmi les filles quelques-unes entrèrent dans la vie religieuse. Quant aux garçons, un certain nombre firent de rapides progrès dans la vertu, subirent une longue préparation, et devinrent, comme catéchistes, de vrais apôtres. La vocation commune fut celle du mariage. Ils y furent chrétiennement préparés. Les deux villages

de saint Cyprien et de sainte Monique, construits pour
eux, composés de maisons modestes, disposées en rues
régulières et brillantes par leur propreté, furent uniquement peuplés de jeunes ménages arabes, redevables
à la charité d'avoir été sauvés d'une mort certaine et
d'être devenus enfants privilégiés de l'Église. Après la
fondation du premier village, l'Archevêque voulut consacrer à ces jeunes ménages une longue lettre très
intéressante :

« Notre village, écrivait-il, n'a point de gendarmes,
ni de prison, ni même de maire; néanmoins on n'y
voit ni troubles, ni désordres. La travail et la paix y
règnent sous l'autorité de deux missionnaires, à la
fois pères et pasteurs de ce petit peuple naissant. La
seule loi, c'est l'Évangile; loi d'ordre et de charité tout
ensemble; le seul avertissement, la cloche de l'église,
qui annonce la prière, le travail, le repos.

» C'est un touchant spectacle de voir, à son appel,
le matin, au lever du jour, ou le soir, au moment où
la nuit commence, les hommes et les femmes se diriger
par groupes vers l'église. Là, sous la présidence d'un
Père, ils prient ensemble à haute voix, avec l'accent de
la foi et du respect. Ils n'oublient jamais leurs bien-
faiteurs de France. Ils prient aussi tous les jours pour
leurs frères musulmans, et d'eux-mêmes ils ont changé
la formule de la prière pour l'évêque diocésain. Ils ne

disent pas comme partout : *prions pour notre arche-véque,* mais : *prions pour notre père.*

» La première fois que je les ai entendus (les mères me comprendront), je me suis senti payé de toutes mes peines !

» La prière faite, le matin, les hommes attellent dans cette saison, qui est celle des labours, les bœufs à leurs charrues. Ces charrues sont perfectionnées, car nous avons tenu à donner au travail de nos enfants toutes les chances de succès en vue de l'avenir. Le résultat des cultures émerveille déjà les Arabes qui visitent le village. Ces pauvres gens compensent leur ignorance par leur sobriété. Un peu de galette d'orge, cuite sous la cendre, à midi; un peu de couscous, le soir ; dans la saison, le lait de leurs chèvres, s'ils en ont, leur suffisent. Ils ne mangent que rarement de la viande. Les légumes leur sont inconnus.

» Ce n'est pas là le régime de notre village. Le pain de farine de blé est fait à l'européen par les femmes. Le troupeau leur donne du lait; le jardin, des légumes en abondance.

» Ce sont les femmes qui le cultivent : toutes ont appris à l'orphelinat à cultiver la terre.... Les Sœurs de la mission dirigent les travaux, pendant que les hommes se répandent dans les champs pour suivre les leurs. Avec leur costume blanc, le voile blanc qui

MONSEIGNEUR LAVIGERIE

couvre leurs têtes, comme celui des femmes arabes, leur grande croix rouge sur la poitrine, courbées sur la terre qu'elles cultivent en priant, elles semblent l'apparition d'un autre âge, et font penser aux vierges qui peuplaient, il y a quatorze siècles, les solitudes africaines....

» Pendant que tous les habitants du village travaillent au dehors, les deux Pères missionnaires soignent les malades qui arrivent de toutes parts. Auprès des indigènes, c'est là leur principal ministère. Une des maisons du village, placée en dehors des autres, est destinée à recevoir ces pauvres infirmes. Une pharmacie y est installée. La bonté simple, patiente surtout des missionnaires, disons le aussi, la gratuité des remèdes, y attirent des Arabes des montagnes environnantes. Ils y viennent même de fort loin, en groupe, sur des mulets ou sur des chevaux. Ils entrent et on les soigne. A certains jours où ils sont plus nombreux, les Pères les rangent en ordre au dehors, et, s'agenouillant, devant eux, ils pansent leurs plaies.

» C'est vraiment un touchant spectacle que présentent ainsi, dans toutes les stations où ils résident, nos jeunes missionnaires. Les indigènes eux-mêmes les admirent, sans les comprendre encore.

» — Pourquoi font-ils cela ? disent-ils entre eux, nos pères et nos mères ne le feraient pas.

» Un officier français, d'un rare mérite, mort prématurément, me disait un jour :

» — Vraiment, en voyant ces Pères, avec leur costume oriental, entourés des pauvres indigènes, on croirait assister à une scène de l'Évangile. C'est ainsi que les malades devaient entourer Jésus-Christ et les apôtres dans la Judée.

» .... Renoncer à tout, à son pays, à ceux que l'on aime, à un avenir brillant peut-être, pour venir ici vivre pauvre, outragé souvent par les mauvais chrétiens, qui abondent dans la colonie, se faire les serviteurs des barbares, soigner leurs plaies les plus rebutantes, n'est-ce pas un miracle de charité?

» Les Arabes l'entrevoient, ils ne se contentent pas des remèdes des missionnaires ; ils demandent le secours de leurs prières, et leur disent quelquefois :

» — Les chrétiens seront damnés, mais vous autres vous ne le serez pas, vous êtes croyants au fond de votre cœur, vous connaissez Dieu, et vous faites plus de bien que nous. »

Dans cette lettre, dont nous venons de publier des extraits, il est question des Sœurs de la Mission, c'est encore une fondation de l'archevêque pour le soulagement des malades et l'éducation des enfants.

Son zèle si ardent, multipliait les entreprises destinées à exercer en Afrique la plus salutaire influence. Il s'était hâté de faire terminer le sanctuaire de Notre-Dame d'Afrique ; l'église fut consacrée en 1872. D'insignes reliques de sainte Monique et de saint Augustin y furent solennellement déposées, et une association de femmes y fut créée pour développer la foi par la prière, l'aumône, et veiller à la bonne éducation des enfants. L'année suivante, ce foyer de bonnes œuvres était confié aux Pères Blancs.

Les limites de cet ouvrage ne nous permettent pas de raconter en détail tous les nombreux et incessants travaux de Mgr Lavigerie. Mais il en est que nous ne saurions passer sous silence.

Quand l'esclavage fut définitivement aboli au Brésil, Léon XIII écrivit aux évêques de cet empire pour féliciter le pays et se réjouir avec eux. Mais il n'oubliait pas les autres parties du monde où le fléau exerçait encore ses ravages. Il signalait spécialement à l'indignation publique les régions du centre et du littoral de l'Afrique, là où, de barbares explorateurs, vont, avec une cruauté inouïe, attaquer de pauvres sauvages et s'emparent d'eux. Ils font chaque année environ 400,000 victimes qu'ils conduisent vers des marchés lointains, où ils comptent trouver des acheteurs ; mais il n'en arrive guère à destination que la moitié. Le reste meurt en chemin, de maladie, d'épuisement, ou sous les coups de leurs ravisseurs.

Le Saint-Père conjurait tous ceux qui sont investis du pouvoir en ce monde, d'unir leurs efforts, afin de réprimer et d'abolir le plus criminel de tous les trafics.

Fidèle interprète des vœux de l'Église, Léon XIII s'adressait aux hommes voués à l'apostolat. Il les suppliait de travailler à procurer aux esclaves le salut avec la liberté.

Avant de recevoir cet appel parti de si haut, l'archevêque avait envoyé ses Pères Blancs dans l'Afrique équatoriale pour combattre à la fois le paganisme et l'esclavage :

« En face des saints autels, avait-il dit, avec la liberté de mon ministère, je dénonce l'esclavage ; au nom de la justice, au nom de l'humanité, au nom de ma foi, au nom de mon Dieu, je lui voue une guerre sans merci.... Allez, mes fils ; vous annoncerez aux indigènes que Jésus, dont vous leur montrerez la croix, est mort pour porter au monde toutes les libertés ; la liberté des peuples contre le joug de la tyrannie, la liberté des consciences contre le joug des persécuteurs ; la liberté des corps contre le joug de l'esclavage. »

Le monde catholique eût connaissance de la lettre apostolique au commencement de mai 1888. Avant la fin de ce mois, Mgr Lavigerie était à Rome. Il présentait au Souverain Pontife plusieurs nègres, rachetés par ses religieux. Puis, il recevait la mission de se mettre à la tête de la croisade anti-esclavagiste.

Dans les semaines suivantes, il se rendait, **tour à tour**, à Paris, à Bruxelles, à Londres, à Naples, à Milan et encore à Rome. — Partout il parle, il **excite** l'indignation, la sympathie, l'enthousiasme, et obtient de généreuses offrandes.

A la parole il ajoute l'action. Il forme des comités, adresse des lettres aux pouvoirs de ce monde, **organise** des bulletins, obtient le concours de la presse, **groupe et** encourage les hommes de bonne volonté, plaidant à la fois la cause de l'humanité et celle de la religion.

Après sept mois d'une vie errante, accablé de fatigues, il avait perdu le sommeil, l'appétit, presque la faculté de se mouvoir, mais il avait conservé celle de sentir, et il restait toujours de plus en plus attaché à l'œuvre de l'abolition de l'esclavage.

En 1889 il était revenu à Paris, et il y présidait le congrès anti-esclavagiste. Mais il était dominé par le pressentiment de son prochain départ.pour la vraie vie, et il disait alors :

— Je me tairai bientôt ; sur ma parole passera l'oubli. Mais le cri que je jette trouvera des échos.

Mgr l'évêque d'Autun ajoute les lignes suivantes :

« Il en sera ainsi, n'est-ce pas, hommes de cœur, prêtres ou simples fidèles, qui avez été ses auxiliaires dans cette immense et magnifique entreprise! Vous ne laisserez pas s'étiendre le foyer qui s'était illuminé aux flammes de son ardente charité, et qui déjà communiquait à un grand nombre d'âmes les saintes inspirations du zèle et de la pitié pour les victimes infortunées de l'esclavage. Il faut que cette œuvre nécessaire se poursuive jusqu'à son complet achèvement. Il y va de l'honneur des nations civilisées. Plus que cela, il y va de l'honneur de notre foi. Il ne se peut pas que la postérité soit autorisée à dire, qu'après un effort si vigoureux, tenté par le **Pape**, conduit sous son impulsion par un des plus intelligents et des plus intrépides évêques de ce siècle, il ne se peut pas que les nations, redevables à l'Évangile de toutes leurs libertés, retombent dans l'indifférence de l'égoïsme, et prennent leur part de l'insolente audace avec laquelle se poursuit encore, sous leurs yeux, l'infâme trafic d'un si grand nombre de créatures humaines. »

Une expédition imprévue de la France en Tunisie vint donner à l'archevêque d'Alger un surcroit de travaux et de mérites. Depuis longtemps un antagonisme toujours plus hostile régnait dans la Tunisie entre les Français et les Anglais.

A l'occasion de déprédations, commises par les Kroumirs, la France décida d'intervenir à main armée, dans le pays. A la suite de cette campagne habilement dirigée, le bey fut obligé de subir le protectorat des français victorieux. Ils demandèrent le remplacement du délégué apostolique, âgé de quatre-vingt-six ans, par un évêque de leur patrie. Le Pape se rendit à leur prière, et désigna l'archevêque d'Alger comme le prélat le plus capable d'organiser et de faire accepter le nouvel état de choses.

A part quelques pauvres églises très insuffisantes et quelques écoles chrétiennes, tout était à créer en Tunisie, mais cette perspective n'effraya pas le charitable archevêque. Il fonda des classes pour les enfants des deux sexes, des maisons religieuses pour la visite et l'assistance des pauvres, des hôpitaux pour les malades, des hospices pour les vieillards. Il fut personnellement si charitable et si dévoué qu'en peu de temps il parvint à faire aimer la France et la religion.

Après l'accomplissement de ces œuvres importantes le Pape lui décernait la haute dignité de cardinal, aux applaudissements de l'Algérie, aux acclamations des représentants de l'Europe qui se rendirent à Saint-Louis de Carthage pour assister à la cérémonie de la remise de la calotte cardinalice (1882).

Dans cette basilique le premier synode diocésain pria le Vicaire de Jésus-Christ de daigner rétablir canoniquement les anciens privilèges du siège de saint Cyprien. Ce vœu fut promptement exaucé. Quelques mois plus tard, une bulle pontificale relevait le siège archiépiscopal de Carthage, avec l'antique prérogative de sa Primatie sur toutes les églises d'Afrique, et ressuscitait ainsi ses plus glorieux souvenirs.

Le soir du jour où il avait consacré la basilique de Carthage, le cardinal avait réuni ses missionnaires. Le silence s'était fait dans le sanctuaire vénéré, et il les avait conduits au tombeau qu'il s'était préparé sous le pavé de la cathédrale.

« Dieu m'a fait la grâce, leur dit-il de ne pas passer un seul jour de ma vie sans penser à la mort, sans la voir comme présente par la pensée.... A mesure que les années s'écoulent et me rapprochent du moment suprême, cette pensée me devient plus habituelle, et domine en moi tout le reste.

» Il viendra un jour, qui ne saurait plus tarder beaucoup, où mon corps sera déposé dans ce tombeau. Alors j'aurai besoin tout spécialement de vos prières ; car ce sera le moment du compte que j'aurai à rendre au Juge suprême de mon administration.

» J'ai voulu que mon tombeau fut au milieu de vous : du moins, vous vous souviendrez de votre père, et vous implorerez pour lui la miséricorde de Dieu. C'est ce que je vous demande humblement, en retour de mon amour paternel, de mes fatigues et de mes peines. »

Ces paroles touchantes sont restées gravées dans le

cœur des missionnaires, ils sont pénétrés de l'esprit de leur fondateur. Ils continuent leur œuvre avec l'esprit de charité qui a inspiré leurs débuts. Ils pénètrent dans l'Afrique équatoriale, et, chaque année, ils offrent à Dieu un nouveau trésor d'âmes converties.

Les travaux incessants du cardinal, ses fatigues qui dépassaient la mesure de ses forces, de lourdes responsabilités, toujours courageusement acceptées, achevèrent la ruine d'une santé depuis longtemps compromise. Des infirmités prématurées s'aggravèrent, elles en vinrent à paralyser l'activité si féconde de Mgr Lavigerie. Elles le clouèrent sur un siège de douleur; elles s'ajoutèrent à son trésor spirituel en augmentant ses souffrances, et, le 28 novembre 1892, sa belle âme, sortait de ce monde, pour aller recevoir la promesse d'une immortelle félicité.

Les œuvres énumérées ci-dessus, n'ont pas besoin d'être louées. Il suffit de les citer pour faire apprécier leur excellence. Si le dévouement chrétien parvient à les développer et à les multiplier, elles civiliseront les indigènes et consolideront l'autorité française en Afrique.

L'avenir de notre domination dans le pays dépend des vertus dont nous lui porterons l'exemple et les bienfaits. La force matérielle peut remporter des victoires, mais si elle n'appelle pas à son secours les merveilles de la charité, elle ne réussira qu'à subjuguer des populations ennemies, toujours disposées à s'insurger.

En étudiant rapidement les illustrations d'Afrique, nous avons pu constater que toutes celles qui furent vraiment bienfaisantes puisèrent dans le travail la justice, la patience, l'esprit de sacrifice, l'abnégation, l'union avec Dieu, en un mot, dans le catholicisme, les éléments de leur grandeur et le secret de leur salutaire influence. Ainsi l'histoire des individus, comme celle des sociétés rend hommage à la vérité révélée : elles prouvent, l'une et l'autre, que l'Évangile est la source de la supériorité morale des âmes comme celle de la prospérité des nations.

FIN

TABLE DES MATIÈRES

— Lille. Typ. A. Taffin Lefort. 1900. —

www.ingramcontent.com/pod-product-compliance
Ingram Content Group UK Ltd.
Pitfield, Milton Keynes, MK11 3LW, UK
UKHW021514090726
13657UKWH00001B/236